WOLFGANG HERING

Kunterbunte Bewegungshits

**88 Lieder, Verse, Geschichten, leichte HipHop-Stücke
und viele Spielideen zum Mitmachen
für Kids im Vor- und Grundschulalter**

Ökotopia Verlag Münster

Impressum

Autor: Wolfgang Hering
Illustrationen: Kasia Sander
Notensatz: Wolfgang Hering
Satz: Studio Bandur, Idstein-Wörsdorf
Herausgeber: BBS – Buchwerk Bernhard Schön, Idstein

5 6 7 · 08 07 06 05 04

ISBN 3-931902-90-0

Dieses Buch wurde auf garantiert chlorfreiem, umweltfreundlichem Papier gedruckt.
Im Bleichprozess wird statt Chlor Wasserstoffperoxid eingesetzt. Dadurch entstehen keine hochtoxischen CKW(Chlorkohlenwasserstoff-)haltigen Abwässer.

Quellenhinweis:
Folgende Texte und Spielideen sind mündlich überliefert und von W. Hering bearbeitet worden:
Guten Appetit, Der Herbst ist da, Sechs kleine Gespenster, Schneemann und Schneefrau, Familie Maus, Es regnet fein, Der Storch, Baby Hai, Fünf kleine Äffchen, Willi, der Wurm, Fünf Zwerge machen eine Reise, Hexe Pimpernelle, Die sieben Drachen, Bei der Kaiserin Josefine, Triller, Triller auf dem Dach, Familie Krause, Verliebt, verlobt, Schiffchen, Schiffchen, Teddybär, dreh dich um, Damm damm dero, Empompi koloni, Der Apfeldieb, Der arme Klaus, Schleicht ein Räuber.
Alle anderen Texte und Melodien stammen von Wolfgang Hering bzw. den anderen genannten Autoren.

Inhalt

Kapitel 6
Zum Weiterreden und zum Abschied

Anhang

Vorwort

Alle Stücke in dieser Sammlung haben einen durchgängigen Bewegungsablauf. Ob Gedichte, Lieder, Geschichten oder rhythmische Spielideen – die gesprochenen oder gesungenen Texte werden durch Bewegung lebendig. Wie können Sie die Stücke mit den Kindern inszenieren? Die Umsetzung lässt sich mit der Produktion eines Films vergleichen: Jeder Regisseur macht aus dem vorliegenden Drehbuch etwas anderes, je nach seiner Handschrift, seinen Vorerfahrungen und der Zielgruppe, die er ansprechen will. Und das Publikum kann seinen Film ganz unterschiedlich aufnehmen. Bei den „Bewegungshits" ist das nicht anders. Die Spielanregungen sind deshalb als Vorschläge zu verstehen, die Sie und die Kinder abändern und weiterentwickeln können. Altersangaben und Materialhinweise dienen zur Orientierung.

Bei den rhythmisierten Texten ist die Betonung und das Einhalten des Tempos wichtig. Einige dieser Stücke habe ich im Einliniensystem aufgezeichnet. In vielen Texten sind die betonten Silben fett hervorgehoben damit sie leichter nachzusprechen sind. Natürlich können Sie auch hier variieren und andere Phrasierungen ausprobieren. Bei den anderen Texten sind die regelmäßigen Betonungen der Wörter für die Spiel- und Bewegungsanregungen weniger wichtig.
Viele kennen das rhythmische Sprechen, das sich auf einen regelmäßigen Grundschlag bezieht, von den Klatschspielen oder dem Rap-Gesang der HipHop-Produktionen. Ich habe versucht, bei meinen Stücken besonders einfache und verständliche Texte zu formulieren, sodass die Kinder gut mitkommen und die Stücke reproduzieren können.

Die Lieder sind weitgehend im Fünfliniensystem notiert. Fünfzehn ausgewählte Songs finden Sie auf der Begleit-CD, abwechslungsreich arrangiert im Tonstudio KLANGRAUM. Die Stücke sind mit CD-Symbol und Nummer im Inhaltsverzeichnis und dann auf der jeweiligen Buchseite gekennzeichnet. Ein besonderer Service ist die separate Playback-CD für alle diejenigen, die selbst zur Instrumentalmusik mit ihren Kinder einzelne Stücke probieren oder sich selbst noch Texte ausdenken wollen. Hinweise auf die Arbeitsweise mit der Playback-CD finden Sie auf S. 123 f.

Das Buch gliedert sich in sechs Kapitel: Zu Beginn stehen Stücke für den Einstieg in die Gruppenstunde. Im Abschnitt „Rund ums Jahr" geht es um Jahreszeiten oder ein Datum im Kalender. Im Kapitel „Wie Katz und Maus" finden sich Vorbilder aus dem Tierreich, die sich besonders gut in Bewegung umsetzen lassen. Danach werden alle zu einem „Ausflug in ferne Welten" – Dschungel, Piraten, Indianer, Hexen, Ritter oder Drachen – eingeladen. Im Kapitel „Hier geht's besonders rund" gibt es jede Menge Vorschläge für bewegte Turnstunden oder die Kinderparty. Zum Schluss finden Sie Stücke, über die sich gut reden lässt oder die als Ausklang einer Bewegungseinheit dienen können.

Danken möchte ich besonders Dr. Franz Amrhein, Annegret Frank, Heidrun Kunhenn, Brigitte Schanz-Hering und Helga Zachmann für Anregungen, Korrekturen und Unterstützung.
Ich würde mich freuen, wenn Sie einmal auf meine Homepage www.wolfganghering.de schauen würden. Dort gibt es u. a. einen Terminplan und die Möglichkeit, sich ins Gästebuch einzutragen. Wenn Sie Fragen oder Rückmeldungen zu einzelnen Stücken haben, geht das am schnellsten über meine E-Mail-Adresse: wolfhering@aol.com.

Kapitel 1
Zum Anfangen

Hallo, es geht einfach los 1

Begrüßungslied
Alter: ab 3 Jahren

1. Ich sage: Hallo, es geht einfach los.
Hallo, na, was kommt denn bloß?
Hallo, den Kopf zu mir gedreht,
dass nichts von dem Programm euch gleich entgeht. (2x)

2. Ich sage: Hallo, habt ihr ein wenig Zeit?
Hallo, seid ihr nun bereit?
Hallo, die Augen aufgemacht,
ihr werdet gleich in Stimmung hier gebracht. (2x)

3. Ich sage: Hallo, singt alle mit im Chor.
Hallo, ich mach es allen vor.
Hallo, das gibt's nicht jeden Tag,
ihr singt das „Hallo“ mit auf einen Schlag. (2x)

4. Wir singen: Hallo – didabdi dabdi du,
Hallo, didabdi dabdi da.
Hallo – didabdi dabdi du,
dabdi dabdi dabdi dabdi du. (2x)

5. Ich sage: Hallo, ihr seid bestimmt gut drauf.
Hallo, sperrt auch die Ohren auf.
Hallo, wer ist denn jetzt noch schlapp,
den bringt Musik hier hoffentlich auf Trab. (2x)

6. Ich sage: Hallo, jetzt klatscht mal alle mit.
Hallo, seid ihr auch wirklich fit?
Hallo, lasst mal die Hände ran.
Und zeigt, wie laut jetzt jeder klatschen kann. (2x)

7. Ich sage: Hallo, hier geht's nun mächtig rund,
hallo, ganz sicher kunterbunt.
Hallo, ich bin jetzt drauf und dran
und fang mit dem Programm so richtig an. (2x)

Spielanregung

Alle singen das „Hallo“ ab der dritten Strophe mit, d. h. an drei Stellen steigt die Gruppe als Chor ein. Zusätzlich wird zum „Hallo“ mit der Hand gewunken. In der sechsten Strophe entsprechend klatschen.
Achten Sie beim Anfang besonders auf die Stimmung in der Gruppe: Lassen sich die Kinder nur schwer locken oder sind sie schon regelrecht überdreht? Entsprechend werden Strophen wiederholt oder weggelassen, z. B. können Ältere auch schnipsen („lasst mal die Finger ran“), oder alle singen das „Hallo“ ganz leise. („ ... jetzt aufgepasst im Kreis, ihr singt das „Hallo“ leis ...“).

Annegret Frank/Wolfgang Hering

Der Gruß mit dem Fuß

Spiel mit den Füßen
Alter: ab 4 Jahren

Warum sollen sich nicht einmal die Füße zuerst willkommen heißen?

Dieses ist mein rechter Fuß,
er verneigt sich jetzt zum Gruß.
Dieser Fuß, der kann sich drehn,
das kann wirklich jeder sehn.
Und er dreht sich so im Kreise,
rundherum geht's auf die Reise.

Dieses ist mein linker Fuß,
er verneigt sich auch zum Gruß.
Dieser Fuß, der kann sich drehn,
das kann wirklich jeder sehn.
Und er dreht sich so im Kreise,
rundherum geht's auf die Reise.

Füße können feste stampfen,
dass sie danach richtig dampfen.
Können wie die Hände klatschen
und man hört es richtig patschen.
Stampfen hin, stampfen her,
stampfen schneller, immer mehr.

Füße wollen niemals ruhn,
haben ständig was zu tun.
Tanzen rundherum im Kreis,
stampfen laut und stampfen leis.
Trippeln sanft auf ihren Zeh'n,
können auf den Hacken gehn,
rennen abends spät nach Haus
und ruhn sich dann endlich aus.

Spielanregung

Die Kinder sitzen im Stuhlkreis. Bei der letzten Strophe stehen sie auf und setzen sich beim Aufsagen der letzten Zeile wieder hin.

Varianten
Die Kinder verteilen sich im Raum, stehen im Kreis oder sitzen auf dem Boden. Je nach der Situation und dem Alter der Kinder lassen Sie z. B. das „Klatschen der Füße" weg, oder die Kinder „klatschen" im Stehen so, dass das Gewicht auf einen Fuß verlagert wird und der andere Fuß dagegen klopft.

Für Ältere: Handicaps werden eingeführt, z. B. halten alle Luftballons unter den Armen; die Hände werden im Nacken hinter dem Kopf verschränkt; Bewegungen mit geschlossenen Augen versuchen.

Georg Feils

Hallo und guten Morgen

Bewegungslied am Morgen
Alter: ab 3 Jahren

Zum Anfangen und Wachwerden schrieb der Kinderliedermacher Ferri dieses muntere Stück.

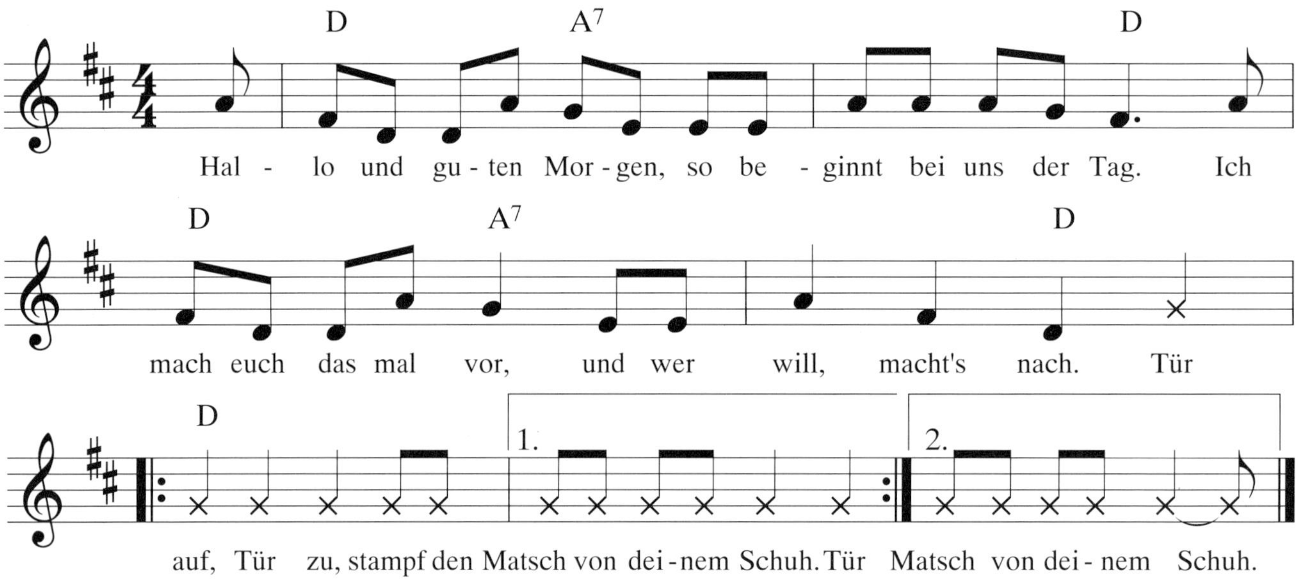

Hallo und guten Morgen,
so beginnt bei uns der Tag.
Ich mach euch das mal vor,
und wer will, macht's nach.

1. Tür auf, Tür zu,
stampf den Matsch von deinem Schuh.

2. Ziehdie warmen Stiefel aus,
puh, da kommt ja Stinkluft raus.

3. Und dann noch mal ganz laut gähnen.
Wer hat Haare auf den Zähnen?

4. Ohren wackeln, Hinkebein,
Frühgymnastik, das muss sein.

Spielanregung

Bei jedem Durchgang kommt eine Strophe mit der passenden Bewegung hinzu, sozusagen ein Reihenlied wie bei der „Tante aus Marokko“. Los geht es immer mit „Tür auf ...“:

1. Tür pantomimisch öffnen, dann mit den Füßen stampfen.
2. Stiefel abstreifen, Nase zuhalten.
3. Alle gähnen!
4. Wer das Ohrenwackeln nicht schafft, kann mit der Hand nachhelfen. Zum Schluss hüpfen alle auf einem Bein.

Alle sitzen und stehen erst in der vierten Strophe für die „Frühgymnastik“ kurz auf. Die ersten vier Zeilen „Hallo und guten Morgen ...“ werden als Refrain gesungen, dazu kann z. B. abwechselnd geschnipst und geklatscht werden.

Das Spielen ist auch komplett im Stehen in der Kreisaufstellung oder in zwei gegenüber stehenden Reihen möglich.

Vielleicht können die Kinder noch Strophen hinzudichten, z. B.: „Wir legen uns ins Bett hinein und schlafen ganz schnell ein“. Oder: „Ich habe einen Wurm gefunden, upps, jetzt ist er ja verschwunden.“ „Diese Blume will ich pflücken und die Mutter sehr entzücken.“

Wetterhaus

Bewegungsgedicht
Alter: ab 2 Jahren

Seht, das ist mein Wetterhaus,
schauen Frau und Mann heraus.
Wenn die liebe Sonne scheint,
ist's die Frau, die hier erscheint.
Fängt's jedoch zu regnen an,
kommt heraus der kleine Mann.
Mann, bleib drin im kleinen Haus,
schick uns deine Frau heraus.

Spielanregung

Die beiden Fäuste bilden das Wetterhaus. Die Daumen sind Mann und Frau. Sonne und Regen können mit entsprechenden Bewegungen dargestellt werden. Nach den Vorgaben des Textes zeigt sich mal der eine und mal der andere Daumen.

Hurra, jetzt sind wir da

Lied zum Selbertexten
Alter: ab 2 Jahren

1. Hurra, jetzt sind wir da. (2x)
Wir trampeln erst mal mit dem Fuß
und winken allen zu zum Gruß.
Hurra, jetzt sind wir da.

2. Wir schleichen leis herum. (2x)
Ganz lautlos kommen wir voran,
dass uns auch niemand hören kann.
Wir schleichen leis herum.

3. Dann fliegen wir herum. (2x)
Wir flattern alle hoch hinaus
und fliegen um das Vogelhaus.
Dann fliegen wir herum.

4. Wir hüpfen wie ein Frosch. (2x)
Und jeder springt so wie er mag
und ruft dabei ein lautes „Quak".
Wir hüpfen wie ein Frosch.

5. Wir stelln uns hin ganz still. (2x)
Wir frieren auf der Stelle ein
und rührn uns nicht mehr wie ein Stein.
Wir stelln uns hin ganz still.

6. Wir stehn auf einem Bein. (2x)
Und ziehn das Knie ganz hoch hinaus.
Wer hält es so am längsten aus?
Wir stehn auf einem Bein.

7. Wir sind ein Blatt im Wind. (2x)
Der Wind, der bläst uns durch die Welt,
wir fliegen rum, wie's ihm gefällt.
Wir sind ein Blatt im Wind.

8. Wir machen uns ganz rund. (2x)
Und hüpfen wie ein Gummiball,
wir hüpfen hier und überall.
Wir machen uns ganz rund.

9. Wir sind die Kängurus. (2x)
Und hüpfen alle jetzt mit Schwung.
Wer macht den allergrößten Sprung?
Wir sind die Kängurus.

10. Wir laufen jetzt nach Haus. (2x)
Wir winken alle noch mal schön
und sagen so auf Wiedersehn.
Wir laufen jetzt nach Haus.

11. Wir gehen dann ins Bett. (2x)
Wir legen uns zum Schlafen hin
und ziehn die Decke bis zum Kinn.
Wir gehen dann ins Bett.

Spielanregung

Viele kennen die Melodie des traditionellen Volksliedes „Ein Schneider fing 'ne Maus". Leicht lassen sich neue Strophen erfinden. Je nach Situation und Gruppenzusammensetzung können einzelne Abschnitte wiederholt oder langsamer gesungen werden. In dieser hier aufgeführten Version gibt es mehrere Phasen: Begrüßung, Spielvorschläge, um den gesamten Raum auszunutzen, Bewegungsvorschläge am Platz und eine Schlussphase. Es fallen den Kindern sicher auch noch andere originelle Strophen ein.
Für eigene Strophen gilt: Es sollten sich die dritte und die vierte Zeile am Ende reimen. Es geht aber auch ohne Endreim mit einer Wiederholung der dritten Zeile. Das ist dann in jeder Strophe die Abfolge: A, A, B, B, A, z. B.: „Wir schwimmen wie ein Fisch (2x) und blubbern alle laut dazu (2x). Wir schwimmen wie ein Fisch (1x)." Achten Sie auf abwechslungsreiche Spielhandlungen, damit sich die Kinder nicht langweilen.

Zwei Kartoffeln

Rhythmischer Vers
Alter: ab 4 Jahren

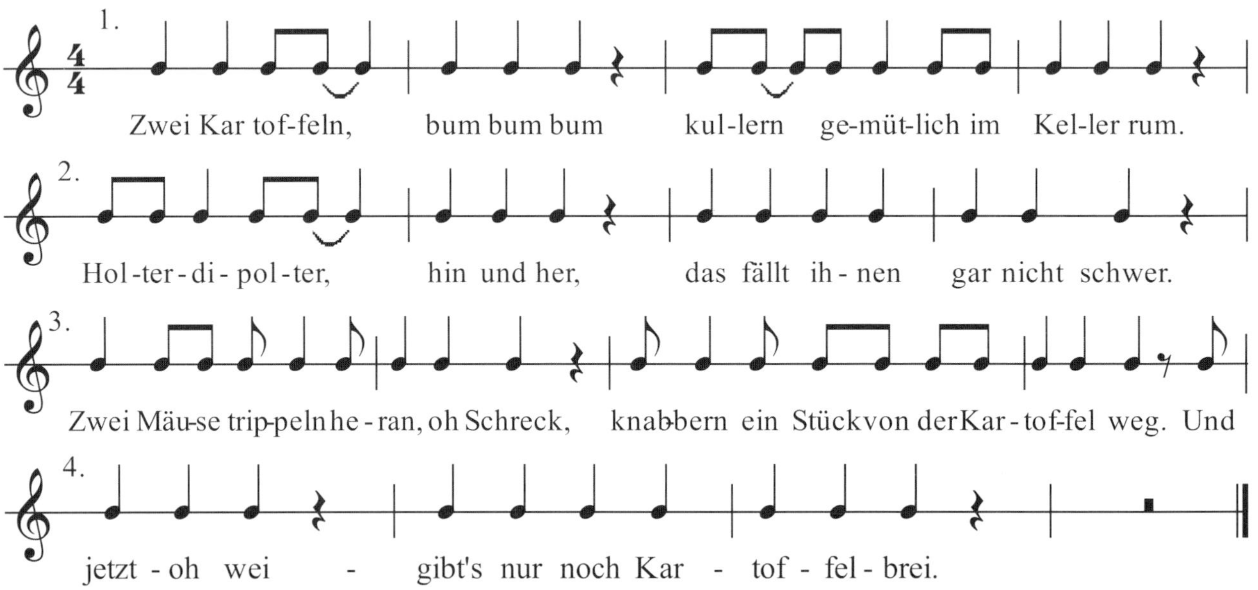

Zwei Kar**toff**eln, **bum** bum **bum**	*mit den Fäusten abwechselnd auf die Knie patschen*
kullern ge**müt**lich im **Kel**ler **rum**.	*vor und zurück auf die Oberschenkel klopfen*
Holterdi**pol**ter, **hin** und **her**,	*mit den Füßen stampfen*
das fällt **ih**nen **gar** nicht **schwer**.	*Zusätzlich auf die eigene Brust klopfen*
Zwei Mäuse **trip**peln her**an**, oh **Schreck**,	*Finger trippeln mit Mäuschenschritten auf den Oberschenkeln vorwärts. Bei „oh Schreck" die Hände vors Gesicht nehmen*
knabbern ein **Stück** von der Kar**toff**el **weg**.	*eine Hand ist die Kartoffel, mit der anderen daran knabbern*
Und **jetzt** – oh **wei** –	*nach „oh wei" laut in die Hände klatschen – kurze Pause vor der letzten Zeile*
gibt's nur **noch** Kar**toff**el**brei**.	*Bewegungspause lassen*

Spielanregung

Wenn sich die Kinder bei dem rhythmischen Sprechtext und den einfachen Bewegungsabläufen sicher sind, können Sie es auch als vierstimmigen Kanon probieren.

Annegret Frank

So strecken alle Schnecken ihre Fühler aus

Ruhiges Bewegungsspiel
Alter: ab 4 Jahren

Damit bringen Sie vielleicht eine aufgedrehte Kindergruppe etwas zur Ruhe.

Es war einmal eine Schnecke,
die hatte zwei Fühler.
Eines Tages sagte die Schnecke:
„Der Himmel ist blau, das Wetter ist schön,
da will ich ein wenig spazieren gehn“.
Sie stieg auf einen hohen Berg,
langsam, langsam, ganz langsam.
Und als sie endlich oben ankam,
plumps, da fiel sie hinunter.
Da hatte sie nur noch einen Fühler.

Seht, so **stre**cken **al**le **Schne**cken **ih**re **Füh**ler **aus**. (2x)
Wenn die **Schne**cken **sich** er**schre**cken,
dann ver**ste**cken **sich** die **Schne**cken
schnell im **Schne**cken**haus**.
Und **kom**men **erst** nach **ei**ner **lan**gen **Wei**le **wie**der **raus**. (2x)

Es war einmal eine Schnecke,
die hatte nur noch einen Fühler.
Eines Tages sagte die Schnecke:
„Der Himmel ist blau ...“
... da hatte sie keine Fühler mehr.

Da kam der Schneckendoktor und operierte die Fühler wieder dran. Jetzt ist die Schnecke noch vorsichtiger geworden und bewegt sich noch langsamer vorwärts.

Es war einmal eine Schnecke,
die hatte wieder zwei Fühler.
Eines Tages sagte die Schnecke.
...

Spielanregung

Ein Arm ist der Berg mit dem Ellenbogen als Spitze. Die andere Hand wird zur Faust (Schneckenhaus), aus der sich Zeige- und Mittelfingern als Fühler herausstrecken. Im Schneckentempo kriecht die Faust den Arm hoch.

Beim Runterfallen verschwindet ein Finger in der Faust.
Zum zweiten Teil „Seht, so strecken ..." klatschen alle im Rhythmus mit. Erste und letzte Zeile dieses Textes werden wiederholt. Danach erfolgt ein erneuter Durchgang nur mit einem Fühler. Die letzte Etappe wird wieder mit zwei Fühlern, nur diesmal noch langsamer ausgeführt. Wer möchte, kann weitere Durchgänge anschließen. Die Kinder können sich ja einen anderen Schluss für die Schneckengeschichte ausdenken, z. B.: Und als sie endlich oben ankam, legte sie sich in die Sonne und machte eine ganz lange Pause.

Pim und Pam

Zweifingerspiel
Alter: ab 2 Jahren

Das Stück ist gut zum Trainieren der Feinmotorik geeignet.

Mein Daumen an der rechten Hand,
schaut mal, der heißt Pim,
der andere heißt Pam.
Pim und Pam, die strecken sich,
Pim und Pam, die necken sich,
Pim und Pam verstecken sich,
und keiner kann sie sehn.

Mein rechter Zeigefinger,
schaut mal, der heißt Tipsi,
der andere heißt Tapsi.
Tipsi und Tapsi schaun sich an,
tippsen sich vor Freude an.
Alle schaukeln hin und her
und freuen sich so sehr.

Mein rechter Mittelfinger,
schaut mal, der heißt Lusi,
der andere heißt Lasi,
Lusi und Lasi schaun sich an,
tippsen sich vor Freude an.
Alle schaukeln hin und her
und freuen sich so sehr.

Mein rechter Ringfinger,
schaut mal, der heißt Ringli,
der andere heißt Rangli.
Ringli und Rangli schaun sich an,
tippsen sich vor Freude an.
Alle schaukeln hin und her
und freuen sich so sehr.

Mein rechter kleiner Finger,
schaut mal, der heißt Dünni,
der andere heißt Donni.
Dünni und Donni schaun sich an,
tippsen sich vor Freude an
und alle Finger tanzen
einen Tipsi-Tupsi-Tanz.

Spielanregung

Am Ende der ersten Strophe verschwindet der Daumen in der Faust. Danach tauchen allmählich die anderen Finger auf. Für die Kinder ist es eine gute Übung zu versuchen, den Mittel- oder Ringfinger einzeln zu bewegen.

Annegret Frank

Ganz leis im Kreis

Ruhiges Kreisspiel
Alter: ab 6 Jahren

Auf Grund des sensiblen Ablaufes ist das Stück eher für Ältere geeignet.

Wir reichen uns die Hände
am Anfang (Ende) unsrer Stunde
und schicken einen Händedruck
herum in dieser Runde.
Der Händedruck geht leis,
ganz leis, ganz leis ...
herum im Kreis.

Eins, zwei, drei – hurra,
der Händedruck ist da.

Spielanregung

Bei diesem leisen Stück zum Einstieg oder Ausklang sitzen alle im Kreis. Einmal wird der ganze Vers zur Übung gemeinsam gesprochen. Dann drückt die Gruppenleiterin im zweiten Durchlauf bei der dritten Zeile die Hand des neben ihr sitzenden Kindes. Dieses gibt den Händedruck mit der anderen Hand an das nächste Kind weiter. So wandert der Impuls im Kreis herum, bis er wieder beim Ausgangspunkt angekommen ist. Dann wird von der Spielleitung der Zweizeiler gerufen: „Eins, zwei, drei ..." Die Zeile „Der Händedruck geht leis, ganz leis ..." sollte möglichst geflüstert werden. Zur besseren Konzentration schließen die Kinder ihre Augen. Die Rolle des Impulsgebers kann auch von einem Kind übernommen werden.

Zehn wilde, kleine Finger 2

Fingerspiellied
Alter: ab 2 Jahren

1. Zehn wilde, kleine Finger
springen viel herum.
Sie fallen all der Länge nach
in der Reihe um, ja in der Reihe um.

2. Zehn wilde kleine Finger
strecken sich ganz gern.
Erst eine, dann die andre Hand
sehn aus fast wie ein Stern. (2x)

3. Zehn wilde, kleine Finger
ziehn sich magisch an.
Sie kleben aneinänder fest
mit allem Drum und Dran. (2x)

4. Zehn wilde, kleine Finger
machen sich ganz krumm
und klettern auf den Armen
und an den Beinen rum. (2x)

5. Zehn wilde, kleine Finger,
werden eingeschneit.
Schnell hat die Sonne wieder sie
vom vielen Schnee befreit. (2x)

6. Zehn wilde, kleine Finger,
stelln zwei Spinnen dar.
Sie krabbeln auf dem Kopf herum
und wirbeln durch das Haar. (2x)

7. Zehn wilde, kleine Finger
wolln nicht schlafen gehn.
Sie hüpfen abends viel herum,
manchmal sogar nach zehn. (2x)

8. Zehn wilde, kleine Finger,
baun ein großes Haus.
Da passen auch die Daumen rein,
und alle ruhn sich aus. (2x)

Spielanregung

Zu diesem einfachen Fingerspiellied erfinden Kinder leicht zusätzliche Strophen: Was können zehn Finger noch so alles?
Wer möchte, kann im Anschluss an jede Strophe als Zwischenspiel ein paar Nonsenssilben wie „Dumdi“ oder „Bada“ singen, damit noch mehr Zeit zum Ausspielen der Bewegungen bleibt.

Fensterputzen

Spiel mit Händen
Alter: ab 3 Jahren

Dieses Bewegungsspiel übt die Koordination der rechten und linken Seite.

Fensterputzen, **Fens**terputzen,
das geht nicht so **rasch**.
Immer reiben, **im**mer reiben,
wischi wischi **wasch**.

Fensterputzen, **Fens**terputzen,
muss mal sein im **Haus**.
mit der Hand im **Kreis** herum,
so sieht's sauber **aus**.

In die **E**cken, in die **E**cken
müssen wir auch **gehn**.
Nur so wird das **gan**ze Fenster
wieder wunder**schön**.

Nochmals strecken, **noch**mals strecken,
das ist mühsam **zwar**,
doch so wird das **letz**te Eckchen
auch noch richtig **klar**.

Spielanregung

Möglich sind verschiedene Spielvarianten: als Spiegelgeschichte, d. h. die Gruppe macht seitenverkehrt alle Bewegungen des Spielleiters mit, als Kreisspiel, oder jedes Kind denkt sich eigene Bewegungen aus.
Zunächst verwandeln sich alle in Fensterputzer und bewegen beide Arme erst im Kreis, dann nach den Seiten und schließlich nach oben. Möglich ist das „Fensterputzen" nur mit einer Hand. Dann könnte, bei einer Wiederholung, die andere Hand die seitenverkehrten Bewegungen ausführen. Es geht aber auch mit beiden Händen gleichzeitig. In einer Eltern-Kind-Gruppe können die Erwachsenen den Kindern ihren Rücken als Fensterscheibe anbieten.
Komplizierter wird es, wenn andere Körperteile zum Fensterputzen verwendet werden, z. B. ein Fuß, ein Ellenbogen oder sogar eine Schulter.

Guten Appetit

Sprechstück zum Essen
Alter: ab 3 Jahren

Das Stück eignet sich gut als Vorspann zu einem Frühstück oder Mittagessen.

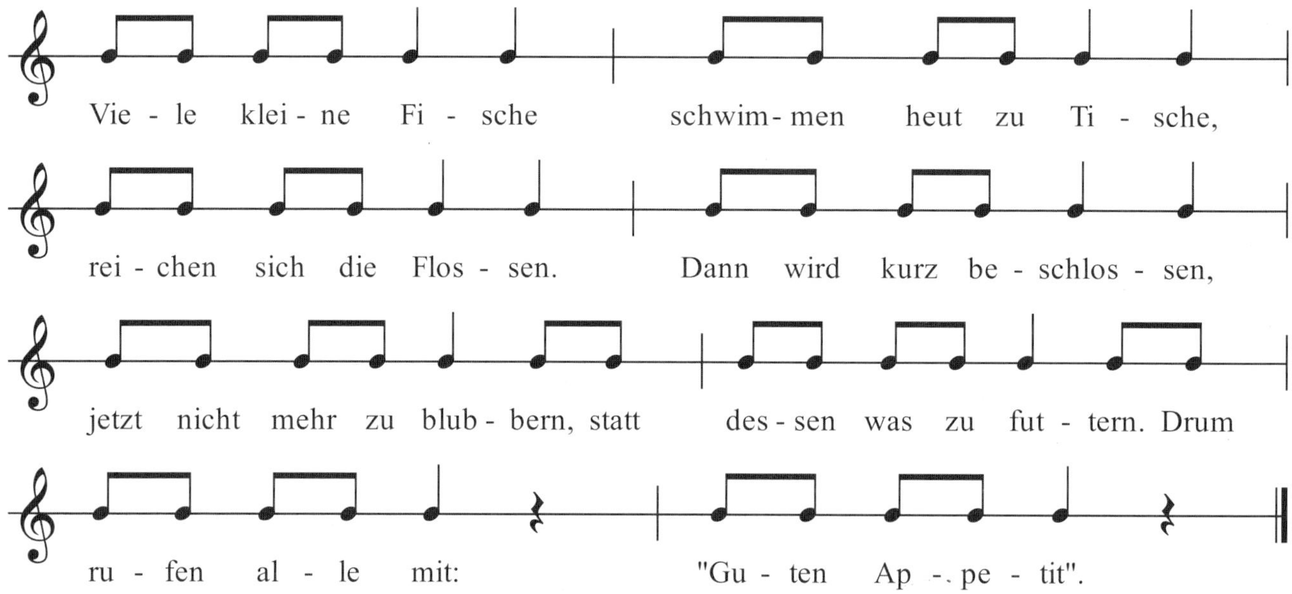

Viele kleine **Fi**sche
schwimmen heut zu **Ti**sche,
reichen sich die **Flos**sen.
Dann wird kurz be**schlos**sen,
jetzt nicht mehr zu **blub**bern,
statt **des**sen was zu **fut**tern.
Drum **ru**fen alle **mit**:
„**Gu**ten Appe**tit**“.

Spielanregung

Es gibt einfache und etwas komplexere Gestaltungsmöglichkeiten:

- Die Hände bewegen sich rhythmisch auf und nieder. Dazu wird der gesamte Text gesprochen.
- Mit den Fingern kann zum Sprechvers auf den Tisch geklopft werden.
- Die Hände stellen Fische dar. Dann reichen sich alle die „Flossen“, sprechen den folgenden Text ganz leise, um „Guten Appetit“ ganz laut herauszurufen.

Variante als Fingerspiel

Daumen und Zeigefinger jeweils einer Hand bilden das Maul eines Fisches. Die beiden Fische schwimmen erst herum, berühren sich dann einmal kurz, das Maul geht beim Blubbern auf und zu und schließlich rufen die Kinder „Guten Appetit“.

Kapitel 2

Rund ums Jahr

Zwölf Monate

Spiel zu den Monatsnamen
Alter: ab 7 Jahren

Dreißig Tage hat der September,
April, Juni und der November.
Einunddreißig hat dann der Rest,
wenn man den Februar wegfallen lässt,
denn der hat achtundzwanzig, klar!

Dazu kommt jedes vierte Jahr
ein weiteres Kalenderblatt,
dass der dann neunundzwanzig hat.
Was man auch gerne leicht vergisst,
dass dann das Jahr ein Schaltjahr ist.

Spielanregung

Hier lernen die Kinder, wie viele Tage die Monate haben. Sie werden sich nicht alle Daten merken können, aber das Aufsagen hilft, die unregelmäßige Anzahl der Tage besser zu verstehen. Alle Zahlen mit den Fingern zeigen. Bei „dreißig" beide Hände dreimal nach vorne strecken; bei „einunddreißig" kommt noch ein Finger hinzu, bei „neunundzwanzig" wird einfach einer weggelassen.

Das wunderschöne Buch

Jahreszeitengedicht
Alter: ab 3 Jahren

Ich hab ein wunderschönes Buch,
das öffne ich ganz weit.
Ich seh zuerst ein Winterbild,
auf dem es kräftig schneit.
Im Frühling piepsen Vögel,
die Sonne kommt heraus.

Im Sommer schwitzen alle
und ruhn sich gerne aus.
Im Herbst, da steigen Drachen auf
und Wolken ziehn dahin.
Dann schließe ich mein Buch,
weil ich jetzt müde bin.

Spielanregung

Zu Beginn werden die Hände – wie ein geschlossenes Buch – aneinander gepresst flach vor dem Oberkörper gehalten. Es geht los mit dem Aufklappen, dann sind die Finger Schneeflocken, die vom Himmel fallen. Daumen und Zeigefinger bilden Schnäbel, dazu wird gepiepst oder gepfiffen. Beide Hände beschreiben eine große Sonne, alle schwitzen und wischen sich die Stirn. Eine Hand steigt als Drachen auf und verschwindet hinter der anderen (Wolken-)Hand. Am Schluss klappen die Handflächen wieder zu einem Buch zusammen, und alle gähnen noch mal kräftig.

Kinderkarneval

Lied zum Verkleiden
Alter: ab 3 Jahren

Viele kennen die Melodie von „Zeigt her eure Füße“, bekannt auch als „Die Waschfrauen“.

Refrain:
Heut sind alle verkleidet, hier und überall.
Wir feiern bunt und stürmisch den Kinderkarneval.

1. Die Cowboys, sie schießen, so dass es richtig pufft.
Sie schießen und schießen, jedoch nur in die Luft.

2. Prinzessinnen, sie drehn sich, sie drehn sich im Kreis.
Sie drehn sich und drehn sich, und ihnen wird ganz heiß.

3. Indianer, die zielen mit Bogen und mit Pfeil,
und haben sie getroffen, da hört man ihr Geheul.

4. Die Katzen und die Mäuse, die springen hoch hinaus.
Sie hüpfen wild, und allen hängt gleich die Zunge raus.

5. Die Zauberer und Hexen, die halten dich auf Trab.
Sie zaubern auf dem Besen und mit dem Zauberstab.

6. Und auch die andern Kinder, die sehn heut super aus.
Sie trampeln jetzt, da wackelt ja ganz schön das ganze Haus.

Spielanregung

Wer entsprechend verkleidet ist, hat zu den einzelnen Strophen seinen Auftritt und führt die Spielanregungen aus. Beim Refrain klatschen alle mit. Sie können mit den Kindern auch weitere Strophen mit anderen Kostümen erfinden.

Frühlingsfest auf dem Bauernhof 3

Sprechgesang
Alter: ab 6 Jahren

Intro:
Ach **Son**ne, nein, wir **hal**ten es
nicht mehr länger **aus**.
Wir **ha**ben genug ge**fro**ren.
Ach, **bit**te komm he**raus**.

1. Die **Tie**re auf dem **Bau**ernhof
sind **gra**de aufge**wacht**.
Sie **wer**den langsam **mun**ter,
vor**bei** ist jetzt die **Nacht**.
Sie **re**cken sich und **stre**cken sich
erst **mal** so richtig **aus**.
Ach, **Win**ter, lass doch **bitte** mal
die **Früh**lingssonne **raus**.

2. Die **En**te kommt, heut **nicht** so lahm,
vom **Teich** zum Hof da**her**,
die **En**tenkinder **sind** gut drauf
und **flit**zen hinter**her**.
Die **Kü**he auf der **Wei**de
sind **rich**tig gut ge**launt**.
Sie **wa**ckeln mit dem **Hin**tern,
dass **wirk**lich alles **staunt**. (wauh)

Refrain:
Wir **fei**ern heut, wir **fei**ern heut,
wir **fei**ern unser **Früh**lingsfest.
Es **wär** so toll, es **wär** so schön,
wenn **sich** die Sonne **bli**cken lässt!

3. Die **Hüh**ner laufen **schick** herum,
sie **ha**ben heut den **Plan**,
nur **ei**nem zu ge**fal**len,
näm**lich** dem Gockel**hahn**.
Sie **zu**pfen an dem **Fe**derkleid,
das **ist** die wahre **Pracht**
und **ha**ben sich für **ih**ren Hahn
so **rich**tig fein ge**macht**.

4. Der **Hund** zeigt sich heut **sport**lich,
denkt, **bin** ich gut ge**baut**.
Er **läuft** um seine **Hüt**te rum
und **schaut** nach einer **Braut**.
Vom **na**hen Wald da **kom**men
die **Vö**gel zu Be**such**.
Sie **to**ben durch die **Lüf**te
und **drehn** sich wild im **Flug**.

Refrain

5. Im **Stall** da grunzen **Schwei**ne,
man **riecht** schon ihren **Duft**. (wääh)
Sie **lie**gen da und **stre**cken heut
die **Bei**ne in die **Luft**.
Die **Po**nys auf der **Wei**de,
sie **sprin**gen im Ga**lopp**
und **ren**nen wie die **Wil**den
ganz **oh**ne einen **Stopp**.

6. Der **Bäu**erin, der **kom**men schon
die **Flie**gen etwas **nah**.
Die **las**sen sich nicht **fan**gen,
sie **klatscht** mal hier, mal **da**.
Der **Bau**er fährt im **Trak**tor rum
und **nimmt** die Kinder **mit**.
Und **ein** paar Hasen **hal**ten glatt
bei **die**sem Tempo **Schritt**.

Refrain

7. Da **end**lich kommt die **Son**ne
her**aus** aus dem Ver**steck**.
Die **grau**en, dunklen **Wol**ken,
die **ziehn** jetzt langsam **weg**.
Und **al**le Tieren **ju**beln
und **freun** sich um so **mehr**
und **ge**hen heut zur **Fei**er
im **Gän**semarsch um**her**.

Schluss:
Wir **fei**ern heut, wir **fei**ern heut,
wir **freun** uns alle **ganz** und gar.
Es **ist** so toll, es **ist** so schön,
die **Son**ne, die ist **da**. (2x)

Spielanregung

Bei diesem Rap werden die Strophen gesprochen und der Refrain gesungen. Es ist nicht so einfach, die Betonung hinzubekommen. Da der Text sehr lang ist, kann das Vortragen auf verschiedene Kinder verteilt werden. Alle Akteure üben die entsprechenden Bewegungen vorher ein.
Dann kann der Frühlings-Rap in Szene gesetzt werden. Es treten auf

- Enten: watscheln hintereinander her
- Kühe: wackeln mit dem Po
- Hühner: stolzieren herum
- Hund: zeigt seinen breiten Brustkasten
- Vögel: fliegen mit großem Flügelschlag durch die Luft
- Schweine: liegen auf dem Rücken und strecken Arme und Füße in die Luft,
- Ponys: galoppieren wild herum
- Bäuerin: schlägt nach den Fliegen
- Bauer: dreht auf dem Traktor seine Runden
- Hasen: sausen mit

Am Schluss bilden alle eine Polonäse. Ein Kinder oder eine kleine Gruppe spielt die Sonne. Zusätzlich kann das Publikum, vor allem beim Refrain, mitklatschen.

Der Honigtopf

Bewegungsgeschichte
Nach einem Märchen aus dem Nahen Osten.
Alter: ab 3 Jahren

Vor langer Zeit lebte ein König in einer kleinen Stadt. Sein Geburtstag stand vor der Tür, und alle in der Stadt sprachen darüber.
Was sollten sie dem König nur schenken? Ein Mann schlug vor: „Vielleicht ein Pferd?" „Nein", sagten die Leute. „Der König hat schon die schönsten Pferde im ganzen Land." „Sollen wir ihm Milch und Käse schenken?" Alle schüttelten den Kopf. Nein, der König hatte doch Hunderte Kühe und Ziegen.
„Was haltet ihr von leckerem Honig?", fragte ein Mädchen mit dem Namen Nora.
„Ja, das ist gut", sagten die anderen Leute. „Der König liebt Honig, und jeder schenkt ihm eine Tasse mit Honig. Damit gießen wir ein riesengroßes Fass voll. Da kann er dann noch Jahre davon naschen."

Alle Stadtbewohner nickten. Das war ein gute Idee. Jeder ging nach Hause, um seine Portion Honig zu holen. Auch Nora lief heim, öffnete den Schrank und nahm eine Tasse heraus. Sie ging zu dem Honigglas und dachte: „Ich mag Honig so gern. Ich möchte ihn eigentlich gar nicht weggeben. Es gibt so viele Leute in der Stadt, das wird schon reichen."
Und sie hatte eine Idee. Sie stellte das Honigglas beiseite und füllte ihre Tasse mit Wasser. Es würde schon keiner merken. Sie stellte sich in die Menschenschlange und schüttete, als sie an der Reihe war, die Tasse in das große Fass.

Am Geburtstag erschien der festlich gekleidete König. Alle riefen: „Hoch lebe der König", und die Untertanen überreichten ihm das große Fass. „Der Honig ist ein Geburtstagsgeschenk von uns allen." Der König nahm einen Finger und probierte ein wenig aus dem Honigfass. Er sah ganz erschrocken auf und schaute verständnislos in die Runde. „Ist das ein Witz? Das Fass ist ja voll mit Wasser!" Alle Leute starrten ihn entsetzt an.
Was war geschehen? Alle Stadtbewohner hatten dieselbe Idee wie Nora gehabt und ihre Tassen mit Wasser gefüllt. Das war wirklich eine dumme Geschichte.

Spielanregung

Die Geschichte wird mit den entsprechenden Bewegungen in Szene gesetzt. Der König wird durch eine Krone symbolisiert (zwei Hände nach oben strecken, die Finger sind die Zacken).
Die hohle Hand stellt die Tasse dar. Bei „Idee" strecken alle einen Zeigefinger hoch. Das Honigglas steht oben im Schrank. Man muss sich auf die Zehenspitzen stellen, um es herunterzuholen. Beim Wassereingießen hört man es gluckern. Der König kostet mit dem Zeigefinger. Am Ende ziehen alle die Schultern zu einer Verlegenheitsgeste hoch.

Die Blumen im Garten ⊙4

Bewegungslied
Alter: ab 3 Jahren

Refrain:
Die Blumen, sie warten
gespannt im Garten.
Wer sie wohl besucht in diesem Jahr?
Die Blumen, sie warten
gespannt im Garten
und wiegen sich im Wind ganz wunderbar.

1. Da kommen schon gekrabbelt
die kleinen Käfer.
Sie krabbeln ein jeder
einen Stiel hinauf
und kitzeln all die Blumen
ein ganz klein wenig,
verschwinden dann wieder im Krabbellauf.

2. Da kommen angeflattert
die Schmetterlinge.
Sie ruhn sich am Fuß der Blumen aus.
Dann machen sie viel Wind,
bewegen die Flügel
und flattern gemütlich in die Welt hinaus.

3. Da kommen angeflogen
ein paar flinke Bienen.
Sie fliegen und fliegen um die Blumen herum.
Sie geben einen Kuss
einer Blume auf die Blüte
und brausen davon mit viel Gebrumm.

4. Und schließlich sind da Kinder,
die diesem Treiben zuschaun,
beginnen sich vor Glück auf der Wiese zu drehn.
Und setzen sich dann hin,
aber nicht auf die Blumen.
Die sind doch viel zu schön, um schon kaputt zu gehn.

Spielanregung

Alle heben zum Refrain die Hände als Blüten hoch und lassen sie im Wind rhythmisch hin- und herschwingen. Es können auch selbst gebastelte Blumen verwendet werden.

Variante
Vor dem Singen werden die verschiedenen Rollen verteilt. Eine Gruppe spielt die Blumen, die sich auf dem Platz verteilen. Die Hände strecken sich als Blüten nach oben, oder die Kinder verkleiden sich mit entsprechenden Requisiten. Zum Refrain wiegen die Blumen sich rhythmisch leicht im Wind.
Die Käfer kommen auf allen Vieren heran gekrabbelt. Sie versuchen, die Blumen zu kitzeln.
Die Bienen sausen mit eingezogenem Kopf um die Blumen herum. Sie suchen sich einen Landeplatz und dürfen einer Blume einen Kuss geben. Die Schmetterlinge flattern mit kleinen Hopsersprüngen kreuz und quer über die Wiese.
In der letzten Strophe können dann Zuschauer einbezogen werden, auch Erwachsene. Am Ende der letzten Strophe suchen sich alle Kinder einen Platz auf dem Boden, und alle zusammen bilden ein ruhiges, gemeinsames Schlussbild.

Variante
Das Lied kann auch nur mit den Händen dargestellt werden. Die beiden Hände mit gekrümmten Fingern sind zwei Blumen. Die Käfer spielen zwei Finger. Als Schmetterlinge fliegen zwei Hände. Eine Fingerkuppe ist eine Biene. Mit viel Fantasie sind die Finger die Kinder, die sich am Ende auf den Oberschenkeln (der Wiese) ausruhen.

Sommer, Sonne, blaues Meer ⊙5

Spiellied
Alter: ab 4 Jahren

Refrain:
Sommer, Sonne, blaues Meer.
Schwabdidabdidu,
was willst du mehr.

1. Wir sind in unserm Urlaub,
liegen faul am Strand.
Die Sonne brennt heiß, wir wolln
nur keinen Sonnenbrand.
Ich schmier dir deinen Rücken ein
mit sehr viel Sonnencreme.
Wir machen's uns am Meer dann
so richtig schön bequem.

Refrain

2. Wir hüpfen schnell ins Wasser,
schwimmen hin und her.
Mit unserm kleinen Surfbrett,
da flitzen wir durchs Meer.
Wir sind die Wasserratten,
der Spaß ist riesengroß,
besonders mit dem Schlauchboot,
da paddeln wir drauf los.

3. Die Großen tauchen unter,
schnorcheln richtig stark
und sagen zu den Fischen:
„Hallo und guten Tag."
Die Kleinen planschen munter.
Das ist das wahre Glück.
Und alle kommen wieder
pudelnass zum Land zurück.

Refrain

4. Wir springen los und laufen,
sind außer Rand und Band
und machen einen Weitsprung
auf dem heißen Sand.
Dann fangen wir am Meer
einfach zu buddeln an
und baun ein ganzes Schloss
mit Wassergraben dran.

5. Wir sammeln ein paar Muscheln,
die liegen da am Strand.
Wir krabbeln wie die Krebse
ganz schnell über den Sand.
Wir suchen einen Schattenplatz,
es ist so richtig heiß
und trinken eine Limo
und löffeln noch ein Eis.

Refrain

Spielanregung

1. Alle liegen auf dem Boden und schmieren sich dann gegenseitig den Rücken ein.
2. Alle machen Schwimmbewegungen, balancieren auf einem Surfbrett und paddeln in einem Schlauchboot.
3. Mit zugehaltener Nase untertauchen und am Ende das Wasser abschütteln. Dann Wasser am Körper abstreifen.
4. Alle laufen los, machen einen Weitsprung und bauen anschließend pantomimisch eine Sandburg.
5. Die Kinder spazieren herum und heben Muscheln vom Boden auf, laufen wie die Krebse auf allen Vieren schräg nach hinten und setzen sich schließlich hin, um ein Eis zu löffeln.

Zum Refrain kann frei getanzt oder ein eigener, kleiner Bewegungsablauf erdacht werden. Mein Vorschlag: mit den Händen eine große Sonne zeigen, dann den Wellenschlag darstellen, schließlich klatschen und zum Ende die Schultern hochziehen.

Der Herbst ist da

Fingerspiel
Alter: ab 2 Jahren

Wenn der Herbst pfeift –
wird's Regenwetter.
Wenn der Herbst pfeift –
wuihhh –, dann fallen die Blätter.
Er schüttelt gewaltig die Bäumchen,
hat Äpfel und Birnen und Pfläumchen.
Er pfeift – wuihhh –
da fliegen die Vöglein fort
an einen fremden, warmen Ort.
Er pfeift – wuihhh –,
da schlafen die Blümelein,
die Raupen hüllen sich in Blätter ein.
Der Nebel ist im Herbst der Mantel,
die Regenwolken sind sein Kleid.
Leb wohl, leb wohl, du schöne,
du liebe Sommerzeit.

Spielanregung

Ein Arm stellt einen Baum dar. Der Unterarm ist der Stamm, die Finger sind die Krone.
An den entsprechenden Stellen Zeit für Windgeräusche lassen. Alle Kinder pusten kräftig mit. „Äpfel", „Birnen" und „Pfläumchen" werden in die Luft gemalt. Ein Zeigefinger symbolisiert eine Raupe. Die andere Hand umschließt dann die Raupe wie ein Blatt. Zum Schluss können alle der Sommerzeit nachwinken.

Annegret Frank

Blättersturm im Herbst

Spiel mit Tüchern
Alter: ab 3 Jahren
Material: Chiffontücher in verschiedenen Farben

Im Herbst, da fällt das Blatt vom Baum,
so leis und zart, man hört es kaum.
Der Sturm, der bläst die Backen auf.
Die Blätter wirbeln nun zuhauf.
Da kommt ein Igel angelaufen
und kriecht unter den Blätterhaufen,
hält seinen Winterschlaf in Ruh,
der Schnee, der deckt ihn langsam zu.
Kein einz'ges Blatt ist mehr am Baum,
so träumt der Baum den Wintertraum.

Spielanregung

Jedes Kind bekommt ein Chiffontuch als „Herbstblatt". Sie gleiten erst zu Boden und werden wieder aufgenommen. Dann pusten die Kinder kräftig dagegen, indem sie mit einer Hand das Tuch vor den Mund halten. Danach nehmen die Kinder den Stoff an zwei Ecken und drehen sich damit schnell im Kreis. Den Igel spielt ein Kind aus der Gruppe. Alle decken an der entsprechenden Stelle das Tier mit ihren Tüchern zu.

Variante
Die Kinder spielen selbst die Blätter im Wind. Sie springen am Anfang von einem Stuhl auf die Erde. Dann blasen sie kräftig. Sie rollen sich als Herbstblätter zusammen und wälzen sich auf dem Fußboden hin und her. Der Igel wird schließlich mit einer Decke eingehüllt. Am Ende deckt ein weißes Laken alles zu, und die Kinder erstarren zu vereinzelten Winterbäumen.

Sechs kleine Gespenster

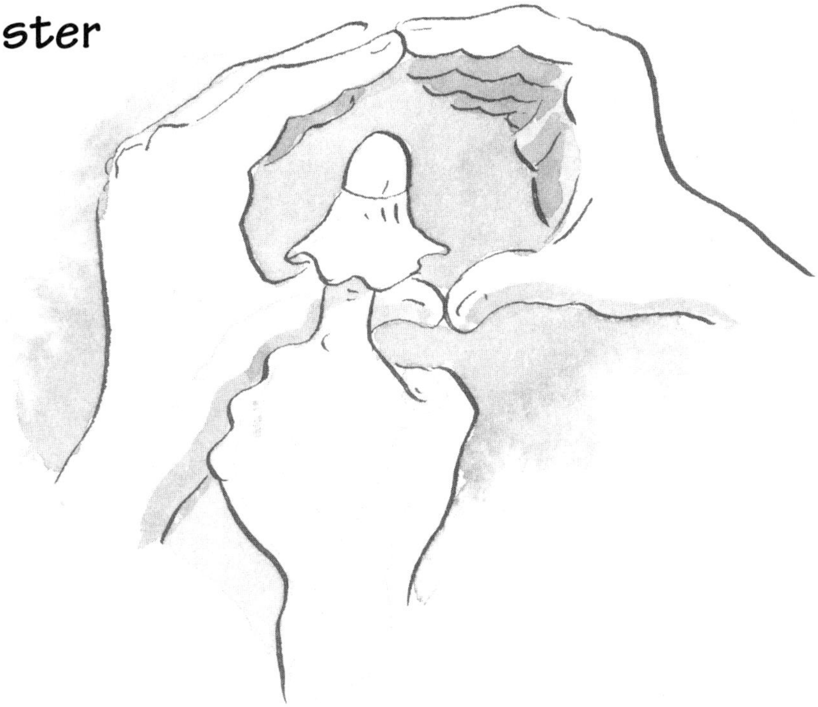

Fingerspiel
Alter: ab 3 Jahren

Sechs kleine Gespenster
kamen durch das Fenster.
Eins verschwand unter der Bank.
Ein andres wurde richtig krank.
Ein Drittes rutschte aus,
das Vierte verlief sich im Haus.
Zwei gingen in den Keller,
zerbrachen einen Teller.
Es gab dann viel Geschrei,
und der Spuk war vorbei.

Spielanregung

Das Stück passt gut zu dem auch im deutschsprachigen Raum zunehmend gefeierten Fest „Halloween", der Gruselnacht mit den Gespenstern. Sechs Finger sind die kleinen Gespenster. Das Fenster wird durch einen viereckigen Rahmen aus zwei Daumen und zwei Zeigefingern dargestellt.
Die Bank ist ein Unterarm. Zum Lauf in den Keller können alle mitpatschen. Bei „Teller" in die Hände klatschen, am Ende noch einmal alle sechs Finger zeigen, um dann in den Fäusten zu verschwinden.

Nüssespiel

Rhythmischer Vers
Alter: ab 3 Jahren
Material: Nüsse

Ich **ha**be hier zwei **Nüs**se,
die **ess** ich liebend **gern**,
mit **au**ßen harter **Scha**le
und **in**nen weichem **Kern**.
Be**vor** ich sie gleich **kna**cke,
da **spie**len wir da**mit**.
Wir **rei**ten auf den **Pfer**den,
erst im Ga**lopp** –
und **dann** – im **Schritt**.
Wir **wan**dern mit den **Nüs**sen
in **ei**nen dunklen **Wald**.
Wir **wer**den dann ganz **lei**se
und **plötz**lich ruft es **„Halt!"**
Ein **Zau**berer steht **vor** uns
mit zwei **Zwer**gen
und zwei **Trol**len.
Nun **kön**nen wir die **Nüs**se
nur **noch** ganz langsam **rol**len.
Der **Zau**berer ver**schwin**det,
der **Spuk** ist schon vor**bei**.
Es **war** wohl alles **doch** nur
so **ei**ne Träume**rei**.
Der **Nuss**knacker wird **end**lich
mal **wie**der ausge**packt**
und **un**sere guten **Nüs**se
mit **al**ler Kraft ge**knackt**.

Spielanregung

Vielleicht finden Sie ja auf einem Waldspaziergang Nüsse, aber gekaufte tun es auch. Jedes Kind bekommt zwei Nüsse, die es rhythmisch aneinander klopfen kann. Zunächst werden die Hauptdarsteller herumgezeigt, dann geht es los.
Der Galopp wird durch einen punktierten Rhythmus akustisch dargestellt. Im Schritt geht es dann gleichmäßig und langsam weiter. Das Nüsseklopfen wird bei „wandern" ganz leise ausgeführt, bei „Halt" gibt es einen lauten Schlag. Die Zwerge werden dargestellt, indem die Nüsse leise und schnell aneinander klappern, bei den Trollen reiben die Nussschalen in der hohlen Hand aneinander, dann gibt es nur noch ganz langsame Rollgeräusche. Zum Schluss gleichzeitig patschen und stampfen. Und endlich können die Nüsse geknackt und gegessen werden.
Orff-Instrumente passen sehr gut dazu, z. B. Klanghölzer oder Holzblocktrommeln.

Auf die Plätzchen, fertig, los

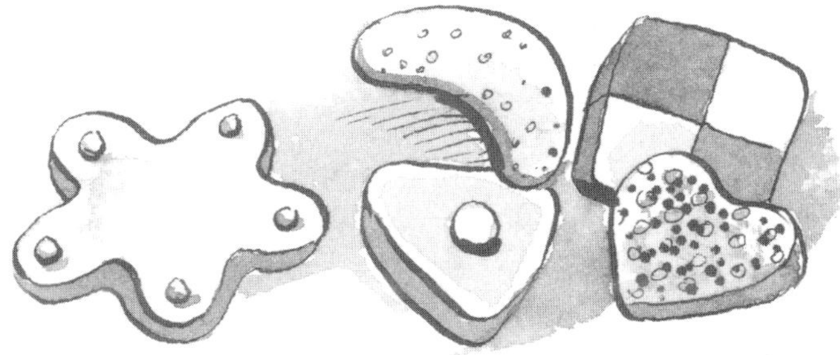

Bewegungslied
Alter: ab 3 Jahren
Material: Stöcke, Sandsäckchen, Ringe oder Tücher

Intro:
1. Heute sind die kleinen Schätzchen
alle in der Küche dran,
denn die Kinder backen Plätzchen.
Schon geht's los, wir fangen an.

2. Mandeln brauchen wir und Nüsse,
ja, wir legen uns ins Zeug.
Mehl und viele gute Sachen
rühren wir zu einem Teig.

Refrain:
Hmm, wie lecker, lecker, lecker,
alle Finger abgeschleckt.
Ist das lecker, lecker, lecker.
Klar, dass uns das schmeckt.

3. Und wir rollen unsern Teig aus,
ja, das läuft doch wie geschmiert.
Und dann werden unsre Plätzchen
ausgestochen und verziert.

4. Sterne, Herzen und auch Tiere
kommen aus dem Teig heraus.
Ab damit dann in den Ofen,
und schon duftet es im Haus.

5. Schließlich liegen da die Plätzchen.
Unser Hunger ist so groß.
Endlich dürfen wir probieren,
auf die Plätzchen, fertig, los.

Refrain (2x)

Spielanregung

In einer Kindergruppe können Sie das Lied mit Gesten begleiten lassen. Die erste Strophe dient zur Einführung, dann rühren alle zum zweiten Abschnitt mit einem imaginären Löffel in einer großen Schüssel. Dann erst folgt der Refrain mit folgenden Bewegungen: Bei „Hmm, wie lecker“ den Bauch reiben, dann die Finger abschlecken, nochmals den Bauch reiben und dann bei „klar“ entweder in die Hände klatschen oder den gestreckten Daumen nach vorne schieben.
In der dritten Strophe wird mit weit ausholenden Bewegungen ein Teig ausgerollt, anschließend stechen die Finger einzelne Plätzchen aus. In der vierten Passage wird das große Blech in den Ofen geschoben; tief einatmen, weil es so gut duftet. Schließlich wird der große Hunger nach den süßen Leckereien mit zwei Händen angezeigt. Der Refrain kommt zwischen den Strophen und am Ende zweimal.

Variante
Das Stück wird als szenisches Spiel umgesetzt. In der Turnhalle oder in einem großen Raum werden jeweils kleine Requisiten wie Stöcke, Sandsäckchen, Ringe oder Tücher verwendet. Eine Ecke ist der Backofen, in den dann die Plätzchen geschoben werden. Zum Schluss dürfen alle an einem der verwendeten Spiel-Plätzchen knabbern. Als Belohnung gibt es dann im Anschluss die echten essbaren Exemplare.

Der Schneemann und die Schneefrau

Tischspiel
Alter: ab 3 Jahren

Der Schneemann	*linke Faust auf den Tisch schlagen*
und die Schneefrau,	*rechte Faust auf den Tisch schlagen,*
die stehen an ihrem Platz.	
Doch wenn ganz warm die Sonne scheint,	
zerfließen sie zu Matsch.	*bei „Matsch“ die Hände flach auf den Tisch klatschen und das Wort laut aussprechen*
Der Schneemann	*wie oben*
und die Schneefrau,	
die machen einen Schwatz.	*beide Daumen aufeinander zustrecken und die Kuppen auf und ab bewegen*
Doch wenn dann noch der Regen kommt,	*Finger klopfen schnell auf den Tisch*
ist's aus mit ihnen, klatsch!	*„klatsch“ laut sprechen und wieder die Hände flach auf den Tisch klatschen*

Die Nacht der Schneemänner

Bewegungsgeschichte
Alter: ab 4 Jahren
Material: T-Shirts, weiße Herrenhemden,

Es hatte die ganze Nacht geschneit, und die Kinder hatten am Morgen mit viel Mühe ein paar wunderschöne Schneemänner gebaut. Jetzt standen die weißen Kunstwerke dick und breit, ausgestattet mit Karottennasen und verschiedenen Kopfbedeckungen, zwischen den mit Schnee bedeckten Bäumen. Einige Schneemänner trugen Mützen auf dem Kopf, andere einen alten Kochtopf oder einen Zeitungshut. Einzelne hatten Schals um den Hals, und bei allen klebten die Arme fest an dem massigen Schneekörper. Sie schauten vergnügt in die weiße Winterlandschaft und sahen ganz lustig aus.
Abends wurden die Schneemänner von den Kindern allein gelassen. So standen sie in der beginnenden Dämmerung ein wenig verloren herum. Zur Mitternachtsstunde aber geschah plötzlich etwas Sonderbares. Erst wackelten die Köpfe ganz leicht, dann pendelten die Oberkörper ganz sacht vor und zurück, und schließlich schwankten die dicken Bäuche langsam im Kreis herum. Ja, es war kaum zu glauben: Die Schneemänner setzten sich langsam in Bewegung! Sie tappten ganz unbeholfen erst vor und dann wieder zurück. Im Sternenlicht glänzte der Schnee und wie auf ein Zeichen streckten alle ihre Nase in Richtung des großen, gelben Mondes.
Und weiter setzen die Schneemänner ihren Weg fort – jetzt kreuz und quer durch die verschneite Winternacht. Langsam bekamen sie Spaß am Herumlaufen. Ein Schneemann fing an, sich auf seinen dikken Po zu setzen, und alle machten es ihm nach. Mühsam standen er und die anderen dann wieder auf. Und da schlug ein anderer Schneemann sogar einen Purzelbaum. Dabei blieb noch etwas Schnee an ihm kleben, so dass er noch dicker wurde. Jetzt wollten auch alle anderen einen Purzelbaum schlagen, und sie probierten auf dem Boden eine Rolle vorwärts. Sie blickten sich aufmunternd an, als wollten sie sagen: „Na los, trau dich doch!“
Immer mehr Schneemänner fingen an, ausgelassen herumzutoben. Sie lagen auf dem Rücken oder hüpften ein bisschen hoch oder rutschen auf dem Bauch über den Boden. Und nach und nach kamen sie ziemlich außer Atem. Schließlich waren alle Schneemänner ganz erschöpft und standen wieder breitbeinig auf der Erde. Dabei drehten sie sich langsam wie kleine Kreisel um die eigene Achse. Nun zeigte sich das erste Licht am Himmel, und es wurde Morgen. Wie auf Befehl blieben alle erstarrt auf der Stelle stehen. Keiner konnte mehr auch nur das kleinste Körperteil bewegen. Sie waren wieder ganz normale, bewegungslose Schneemänner geworden.
Als die Kinder am Nachmittag zu ihnen kamen, waren einige ganz verwundert, dass die Schneemänner ihre Plätze getauscht hatten. Oder täuschten sie sich da nur?

Spielanregung

Die Kinder verkleiden sich als Schneemänner, z. B. mit einem weißen T-Shirt oder großen Herrenhemd mit Kissen darunter, oder sie umwickeln sich mit weißem Krepppapier. Es geht natürlich auch ohne Requisiten, aber die Kostüme erleichtern das Spiel. Die Schneemänner dürfen am Anfang nur langsame, unbeholfene Bewegungen machen. Dann wird die Geschichte vorgelesen und von den Kindern in entsprechende Bewegungen umgesetzt.

Kapitel 3

Wie Katz und Maus

Familie Maus

Fingerspiel zum Mitzählen
Alter: ab 3 Jahren

In dem Mausloch Nummer sieben
wohnt Frau Maus mit ihrer Schar,
mit den Kinderlein, den lieben,
und dem Vater Ottokar.
Und wie heißen alle Kinder?
Adelinchen, Belladonna, Christa, Doris, Edelgrund
Fiffi, Günter, Hiliantus, Isabell und Kunigund.
Ringsherum, da liegt der Acker,
ist das Königreich der Maus.
Schimpft der Bauer:
„Wart' ihr Racker",
doch sie machen sich nichts draus.
Eines Tages doch, oh weh,
fängt des Bauern schwarzer Kater
heimlich in des Ackers Näh
Ottokar den Mäusevater.
Ach, da sitzen sie und weinen,
Mutter Maus mit ihrer Schar,
um den lieben guten
Mäusevater Ottokar.
Und wer weint da alles?
Adelinchen, Belladonna ...
Horch! Da schleicht der Kater
wieder auf den Pfoten,
samt und weich,
doch die Mäuse sind verschwunden
blitzesschnell ins Mäusereich.
Plötzlich, schau! Das ist ein Wunder:
Ottokar ist wieder da.
Wie sich alle Mäuse freuen,
Papa ist der große Star.

Spielanregung

Ich habe das Spielgedicht in der Version kennen gelernt, dass Ottokar nicht mehr zurück kommt. Da sich insbesondere kleinere Kinder über ein Happyend freuen, habe ich den Schluss ein wenig umgeschrieben, so dass der Papa wieder auftaucht.
Mein Vorschlag für die Darstellung: Die Mäuse werden mit den Fingern abgezählt. Das Mauseloch wird als Ring mit Daumen und Zeigefinger dargestellt.
Das Stück lebt von der Interpretation des Textes. Also, ruhig Pausen lassen, Wiederholungen sind möglich, und auch eine dramatische Stimme gehört dazu.

Miezekatze tanze

Rhythmischer Vers
Alter: ab 4 Jahren

1. **Mie**zekatze **tan**ze, **schu**bidubi**du**. — *mit der rechten, flachen Hand rhythmisch auf den rechten Oberschenkel schlagen*

2. **Schla**ge mit dem **Schwan**ze den **Takt** da**zu**. — *zusätzlich mit linkem Unterarm einen Katzenschwanz darstellen, der sich rhythmisch hin- und herbewegt*

3. **Tip**pel mit den **Pfo**ten, **eins**, zwei, drei und **vier**, — *die zusammengepressten Finger klopfen auf die Oberschenkel*

4. **hast** ja keine **No**ten und **kein** Kla**vier**. — *mit dem Zeigefinger verneinen*

Spielanregung

Mit älteren Kindern kann ein Sprechkanon probiert werden (Einsatz nach zwei Takten).

Elefantentanz ⊙ 6

Bewegungslied
Alter: ab 4 Jahren

1. Es **lau**fen Ele**fan**ten schwer,
als **wärn** sie müd und **schlapp**,
schaukeln langsam **hin** und her
und **mühn** sich richtig **ab**.
Doch wenn die Mu**sik** erklingt,
dann **heißt** es: „Ja, wer **kann's**,
wer **zeigt** uns, dass der **Ur**wald swingt,
und **tanzt** den Dschungel**tanz**?"

Refrain:
Den **Rüs**sel nach hier, den **Rüs**sel nach da.
Da **wa**ckeln die Ohr'n im **Takt** dazu.
Einen **Fuß** nach hier, einen **Fuß** nach da,
Dab dab dubi dubi **dab** dab du.

2. Sie **ma**chen sich ganz **schnell** bekannt,
die **Rüs**sel berührn sich **sacht**,
von **E**lefant zu **E**lefant,
jeder **gibt** auf den andern **acht**.
Zwei **Tie**re drehn sich **jetzt** im Kreis,
ver**beu**gen sich ganz **fein**.
Es **scheint**, den beiden **wird** es heiß,
und sie **ma**chen das Tänzchen al**lein**.

Refrain

3. Ja, **das** gefällt den **an**dern gut.
Es **fin**den sich immer ein **Paar**.
Oh, **die**se Musik, die **geht** ins Blut,
die **steckt** alle an, ist doch **klar**.
Es **stehn** die Ele**fan**ten zu zweit,
jeder so ein Schwer**gewicht**.
Sie **sind** zum großen **Tanz** bereit
und **schaun** sich ins Ge**sicht**.

Refrain

4. Sie **stelln** sich zur Pa**ra**de auf,
eine **Rei**he hier und eine **da**.
Die **E**lefanten **sind** gut drauf,
denn **Spaß** macht das offen**bar**.
Ja, das **hat** die Welt noch **nicht** erlebt,
die **Freu**de ist jetzt riesen**groß**.
Mal **sehn**, ob gleich der **Bo**den bebt,
und sie **le**gen gemeinsam **los**.

Refrain (3x)

Spielanregung

Entweder verwandeln sich alle in Elefanten (eine Hand an die Nase, die andere durchgesteckt als Rüssel), oder die Kinder werden als Elefanten verkleidet (z. B. mit Papprollen oder langen Luftballons). Sinnvoll ist es, vorher den Ablauf abzusprechen.
Zur ersten Strophe können alle im Elefantenschritt mitstampfen. Dann startet der Rüsseltanz im Refrain, den ein Kind oder die Gruppenleitung allein beginnt: den Rüssel nach rechts und dann nach links werfen, danach die Ohren am Kopf wackeln lassen und nochmals die Rüsselbewegung mit einem Seitschritt ausführen und schließlich bei „Dab dab dubi dubi dab dab du.“ einen Dreh um die eigene Achse machen. In der zweiten Strophe steht ein Paar im Mittelpunkt. Alle begrüßen sich erst wie im Text beschrieben, und dann geht es zu zweit zur Sache. Im dritten Abschnitt finden sich weitere Paare, die miteinander loslegen. Schließlich bilden sich in der Schlussstrophe zwei Reihen, die sich gegenüberstehen und das Elefantenbein schwingen.

Der Storch

Spiel mit Reifen
Alter: ab 3 Jahren
Material: Reifen oder Schnüre

Der **Storch**, der **steht** so **ganz** al**lein**	*Die Kinder stehen in einem Reifen*
in **sei**nem **Nest** auf **ei**nem **Bein**.	*sie stellen sich auf ein Bein*
Klappt **mit** dem **Schna**bel **uns** zum **Gruß**	*Sie bilden mit den Armen einen Schnabel und klappen ihn auf und zu*
und **wech**selt **auf** den **an**dern **Fuß**.	*Sie stellen sich auf das andere Bein*
Dann **brei**tet **er** die **Flü**gel **aus**	*Arme machen Flugbewegungen*
und **fliegt** (und **fliegt** und **fliegt** ...) zu **ei**nem **an**dern **Haus**.	*und „fliegen" weiter in einen anderen Reifen.*

Spielanregung

Das Spiel vom Storch ist gut für das Kinderturnen in einem großen Raum oder für das Spiel auf einer Wiese geeignet. Zunächst hat jedes Kind ein eigenes „Haus", Gymnastikreifen oder Schnüre (als Kreis auslegen), in dem es auf einem Bein steht und das dann zum Fliegen verlassen wird. Ein Reifen oder eine Schnur wird dann an der Stelle, an der alle herumkurven („und fliegt und fliegt ..."), schnell von der Spielleitung weggenommen, und alle suchen sich nach dem Verklingen der letzten Silbe der Schlusszeile ein neues Haus. Wer übrig bleibt, scheidet aus.
Das Spiel beginnt von vorne, bis am Ende nur noch ein Storch übrigbleibt. Im Zweifelsfall entscheidet die Spielleitung, welcher Storch zuerst ein Haus betreten hat. Wenn sehr viele Kinder mitspielen, können auch jeweils zwei einen Kreis als „Haus" bewohnen.

Variante
Es wird immer ein Reifen oder eine Schnur weggenommen, jedoch scheidet niemand aus. Die Kinder versuchen trotzdem, in den Reifen unterzukommen, es wird also nach jeder Runde enger. Mal sehen, ob am Schluss alle in einen Reifen passen!

Ameisen und Schnecken

Spiel mit Klanghölzern
Alter: ab 4 Jahren
Material: Klangholz oder Trommel

Hier geht es um den Wechsel zwischen schnellem und langsamen Tempo

1. **A**meisen **flit**zen **gern** in der **Rei**he.
Sie **lau**fen **oft** im **glei**chen **Trott**.
Mar**schiern** mit Ver**gnü**gen **hin**terein**an**der,
immer ganz **schnell** und **im**mer ganz **flott**.
Steht was im **Weg**, da **krab**beln sie zur **Sei**te,
um**lau**fen ganz **ein**fach das **Hin**der**nis**.
Sie **fin**den die **Rich**tung und **lau**fen **wei**ter,
immer in Be**we**gung, **ganz** ge**wiss**.

2. **Schne**cken sind **da** ganz **an**dere **Tie**re,
bleiben **stehn** an **man**chem **Ort**.
Liegen dann **still**, und **nach** dieser **Pau**se
setzen sie **lang**sam die **Rei**se **fort**.
Ganz ge**las**sen **ge**hen sie **vor**wärts,
immer mit **Ru**he und **sehr** viel **Rast**.
Kriechen ge**müt**lich mit **ih**rem **Häus**chen,
ohne viel **Ei**le und **oh**ne viel **Hast**.

3. **Sel**ten **tref**fen die **Schne**cken **mal**
auf so ein Amei**sen**ge**wühl**.
Sie **blei**ben dann **auf** der **Stel**le **lie**gen,
denn diese **Ei**le, das **ist** zu**viel**.
Die **A**meisen **krab**beln **wild** durchei**nan**der,
ganz **schnell** um **so** ein **Schne**cken**haus**.
Flitzen dann **flink** um die **Schne**cken he**rum**
und **to**ben sich **da**bei so **rich**tig **aus**.

4. Abends **sind** auch die **A**meisen **mü**de,
ge**nug** be**wegt** im **Dau**er**lauf**.
Sie **le**gen sich **dann** zum **Schla**fen **nie**der,
da **rap**peln sich **auch** die **Schne**cken **auf**.
Die **ma**chen jetzt **ein** paar **Pur**zel**bäu**me.
Auch **Schne**cken **to**ben mal **ir**gend**wie**.
wackeln mit **Füh**lern und **sind** aus dem **Häus**chen
und **drehn** sich he**rum** mit **viel** Ener**gie**.

Spielanregung

Alle überlegen gemeinsam: Wie bewegen sich Ameisen und Schnecken vorwärts? Wer hat dazu Ideen? Dann wird der Ablauf erklärt. In den ersten beiden Strophen ändern sich Tempo und Taktart. Zu den Ameisen wird ein grader Takt gespielt (4/4); zu den Schnecken ein Dreier (3/4). Der gleiche Ablauf gilt für den dritten (4/4) und vierten Abschnitt (3/4). Nun wird die Gruppe aufgeteilt. Mit einem Zauberspruch verwandeln sich die Kinder in Ameisen und Schnecken:

Hokus pokus didel dum,
ihr saust als Ameisen herum
und ihr seid Schnecken jetzt im Nu.
Simsalabimsaladu.

Die Spielleitung spricht den Text und begleitet das Stück rhythmisch mit einem Klangholz oder einer Trommel. In der dritten Strophe sind die Ameisen besonders aktiv, im vierten Abschnitt die Schnekken. Schließlich ruhen sich alle gemeinsam aus.

Variante
Ameisen und Schnecken werden nacheinander von der gesamten Gruppe gespielt.

Gabi Lang/Wolfgang Hering

Die verrückten Raben

Bewegungsgedicht
Alter: ab 3 Jahren

Ein **Ra**be **fliegt** auf **ei**nen **Baum**	*Mit den gespreizten Fingern beider Hände, einen Baum darstellen*
und **plötz**lich **ist**, man **glaubt** es **kaum**,	
der **gan**ze **Baum** voll **schwar**zer **Ra**ben,	*Mit den Händen einen großen Kreis beschreiben*
die sich **furcht**bar **ger**ne **ha**ben.	*Sich selbst umarmen*
Der **er**ste **Ra**be, **der** heißt **Klaus**	*Mit einem Daumen eine eins zeigen*
und **hat** in **Hol**ly**wood** ein **Haus**.	*Haus darstellen*
Der **zwei**te **Ra**be **ist** so **dick**	*Zwei Finger heben – dann „dick" mit ausgebreiteten Händen darstellen*
und **fin**det **a**ber **das** ganz **schick**.	*Daumen und Zeigefinger zum Kreis als „o.k. Zeichen" für „ganz schick"*
Der **Drit**te **ist** ein **flot**ter **Bursch**,	*Drei Finger*
er **schaut** durch **ei**ne **Bril**le **durch**.	*mit beiden Händen Brille formen*
Der **Vier**te **schreit** und **dreht sich**	*Vier Finger; schreien, aufstehen und sich auf der Stelle kurz drehen*
und **zap**pelt **auch** noch **fürch**ter**lich**.	*und gleichzeitig zappeln*
Der **Fünf**te **sagt**, dass **er** mal **muss**,	*Fünf Finger, Hand vor den Mund halten*
und **al**le **flie**gen **weg** zum **Schluss**.	*Beide Händen machen Flatterbewegungen*

Spielanregung

Dieses Fingerspiel muss erst ganz langsam mit kleinen Pausen nach den Zeilen geübt werden. Wenn alles klappt, können die Kinder versuchen, das Gedicht in einem Guss aufzusagen und dabei die Bewegungen zu machen.

Helga Zachmann

Das Mauseloch

Bewegungsspiel am Boden
Alter: ab 4 Jahren

Ein Stück für die Turn- oder Tanzstunde.

In einer Mausehöhle wohnt Familie Maus.

Die Kinder sitzen im Kreis auf dem Boden.

Ihr Mauseloch kann auf- und zugehen.

Um das Mauseloch zu schließen, strecken alle ihr Fußzehen zur Mitte des Kreises. Um es zu öffnen, ziehen sie die Füße wieder zurück (Der Fachbegriff dafür lautet „Flexen der Füße").

Auf! Zu! Auf! Zu! Toll, das klappt ja schon prima.!

Jetzt kommt die ganze Familie Maus nach Hause. Zuerst die Mama. Sie schiebt den großen Kinderwagen. Der quietscht fürchterlich.

Alle tun so, als würden sie etwas Schweres schieben und quietschen dabei. Sie nähern sich langsam mit den Händen dem Mauseloch und schließen es danach.

Als nächstes fährt der Papa mit dem Fahrrad vor.

Mit den Händen das Treten der Pedale imitieren. Auch der Papa landet im Loch, und das Loch schließt sich.

Dann kommt die große Schwester auf Inline-Skates angebraust.

Mit den Händen das seitliche Abdrücken auf Skates nachahmen und dazu Windgeräusche machen.

Dann stöckelt die Oma auf Stöckelschuhen heran.

Mit spitzen Fingern die Beine entlang laufen und dazu sagen: „Tipp, Tipp ..."

Dann kommt der Opa mit den Fußballschuhen angedribbelt.

Auf den Beinen mit den Händen einige Vorstöße und Ausfallschritte wie beim Fußball andeuten. Am Schluss landet auch der Opa im Loch. Weitere Personen der Familien können von den Kindern mit den passenden Bewegungen erfunden werden.

Zum Schluss kommt das Baby der Familie nach Hause.

Alle stecken den Daumen in den Mund und machen Babylaute dazu.

So, jetzt müssen wir das Loch mal schnell zu machen, denn es kommt ja schon die Katze, die immer herumschleicht und eine von den Mäusen erwischen will. Die Katze springt auf das Sofa.

Alle klatschen mit beiden Händen auf ihren Brustkorb.

Die Katze springt auf den Schrank.

Alle klatschen mit beiden Händen auf ihren Kopf, wo sie liegen bleiben.

Und da oben lauert die Katze nun und wartet, ob sie vielleicht eine Maus erwischen kann. Und da geht doch tatsächlich das Mäuseloch auf. Kinder, wer kommt da heraus?

Die Kinder schlagen meist das Baby vor. Sie sitzen mit den Händen auf dem Kopf und gestreckten Füßen da.

Oh, je! Das Baby (oder ein anderes Familienmitglied) krabbelt vor dem Loch herum, die Katze hat es schon entdeckt. Könnt ihr das Baby schnell warnen?

Die Kinder tun das.

Ich zähle jetzt bis drei, dann springt die Katze vom Schrank. Macht bei drei schnell das Loch zu, dann kann die Katze das Baby nicht erwischen. Eins, zwei, drei! Puh, das war knapp. Jetzt ist die Katze aber sauer. Sie ärgert sich. Könnt ihr euch mal so richtig ärgern? Aber sie gibt noch nicht auf. Sie springt auf das Sofa, auf den Sessel, auf den Schrank und legt sich wieder auf die Lauer. Da geht doch tatsächlich schon wieder das Loch auf und heraus kommt ... Oh je, könnt ihr das Mäuschen schnell warnen? Die Katze hat aber nun dazugelernt. Sie springt hinter den Schrank.

Die Kinder führen ihre Hände hinter den Rücken.

Dann schleicht sie am Sofa entlang.

Die Kinder krabbeln mit den Händen an ihren Beinen entlang.

Kinder, bei „drei" müssen wir schnell das Loch schließen. Eins, zwei, drei! Gerettet! Die Katze hat nun endgültig die Nase voll und läuft davon.

Baby Hai

Rhythmisches Spiel
Nach dem englischen Sprechvers „Baby Shark“.
Alter: ab 5 Jahren

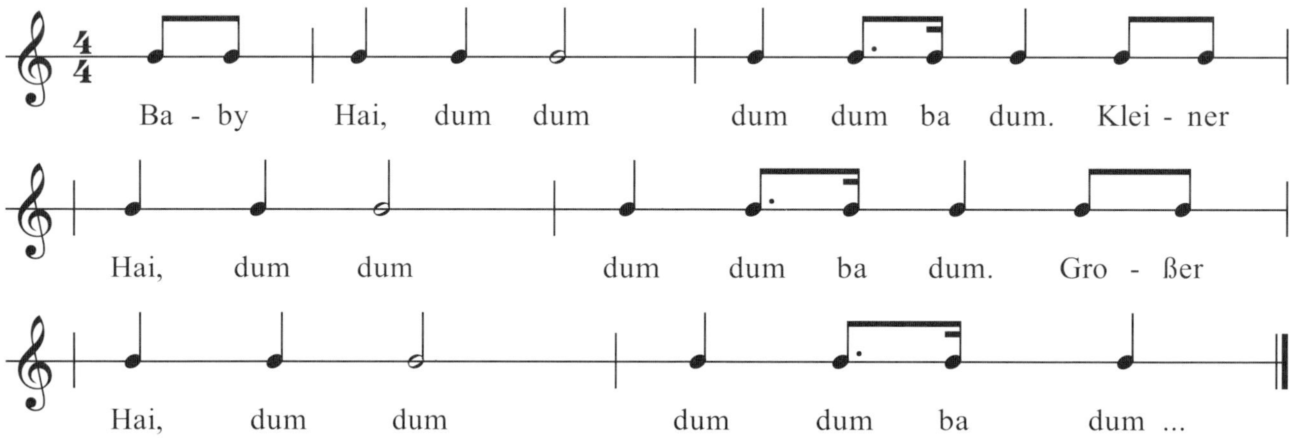

1. Baby Hai,
dum dum dum dum ba dum. *Daumen und Zeigefinger klappen gegeneinander*
2. Kleiner Hai,
dum dum dum dum ba dum. *beide Handflächen schlagen gegeneinander*
3. Großer Hai,
dum dum dum dum ba dum. *beide Arme klatschen großflächig gegeneinander*
4. Mädchen schwimmt,
dum dum dum dum ba dum. *Schwimmbewegungen*
5. Großer Hai,
dum dum dum dum ba dum. *wie 3.*
6. Mädchen staunt,
dum dum dum dum ba dum. *zwei Augenpaare mit Daumen und Zeigefinger formen*
7. Hai beißt zu,
dum dum dum dum ba dum. *wie 3. – nur schneller*
8. Beißt vorbei,
dum dum dum dum ba dum. *zuschnappen*
9. Blöder Hai,
dum dum dum dum ba dum. *an die Stirn tippen*

Spielanregung

Besonders muss der jeweilige Auftakt berücksichtigt werden. Die Betonung liegt bei den ersten Zeilen auf „Hai“. Alle können das „dum dum ...“ sofort mitsprechen. Der Reiz besteht in der rhythmischen Wiederholung des Sprechgesanges. Die Gruppenleitung („Vorsänger“) erzählt die Geschichte und stellt die einzelnen Handlungsabläufe mit einfachsten Mitteln dar. Wie könnte denn nach Meinung der Kinder die Story noch enden?

Fünf kleine Äffchen

Kleines Handtheater
Alter: ab 2 Jahren

Fünf kleine Äffchen sitzen auf dem Baum,
ärgern unser Krokodil:
„Du bist so faul,
mit großem Maul."
Da kommt das große Krokodil,
schnauf, schnauf,
macht schnipp und schnapp
und frisst ein Äffchen auf.

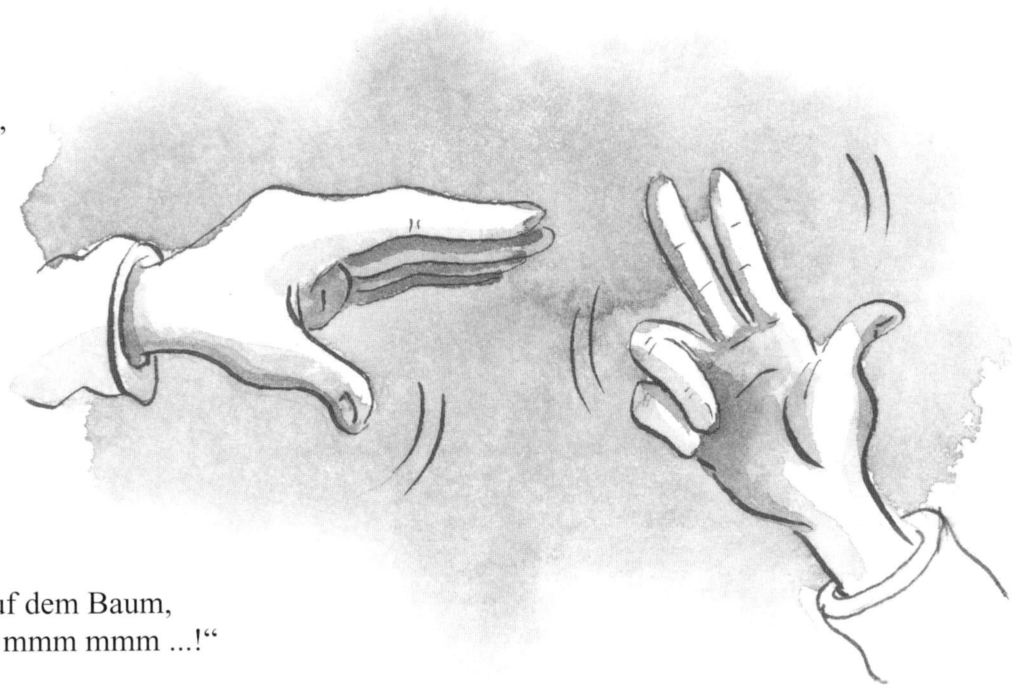

Vier kleine Äffchen ...

Drei kleine Äffchen ...

Zwei kleine Äffchen ...

Ein kleines Äffchen ...

Kein kleiner Affe sitzt mehr auf dem Baum,
ärgert unser Krokodil: „Mmm mmm mmm ...!"
Kommt das große Krokodil,
gähnt sehr laut und gähnt sehr viel („uaaah")
und niest („Hatschi"),
kommen alle Äffchen wieder raus : eins, zwei, drei, vier, fünf!

Fünf kleine Äffchen sitzen auf dem Baum,
recken sich und strecken sich,
war alles nur ein Traum.

Spielanregung

Die fünf Äffchen sind die fünf Finger, die nach und nach verschwinden. Die andere Hand stellt das Krokodil mit großem, aufgeklapptem Maul dar. Der Zweizeiler „Du bis so faul mit großem Maul" wird als Singsangmelodie wie bei „Backe, backe, Kuchen" mit wenigen Tönen interpretiert und später gesummt.
An der Stelle „Du bist so faul" mit dem Zeigefinger auf das Krokodil deuten. Diese Stelle kann auch ohne Text gesungen werden: „Bäh däh däh däh ..." Gähnen, Niesen und Mitzählen können die Kinder tatkräftig unterstützen. Zum Schluss tauchen alle Finger wieder auf.

Die sechs Katzen

Fingerspielgeschichte
Frei nach einem volkstümlichen Märchen aus Frankreich.
Alter: ab 3 Jahren

Es lebten einmal vor langer Zeit sechs Katzen in einem Katzenhaus. Ich will sie einmal durchzählen: erste Katze (kleiner Finger), zweite Katze (plus Ringfinger), dritte Katze (plus Mittelfinger), vierte Katze (plus Zeigefinger), fünfte Katze (plus Daumen), sechste Katze, das war ein Kater (Zeigefinger der anderen Hand).
Eines Tages beschlossen sie, einen Spaziergang zu machen. Sie kamen zu einem Brunnen mit Wasser, wussten aber nicht, was genau ein Brunnen ist. Der Kater ging vorsichtig zum Brunnenrand und schaute in die Tiefe. „Miau" rief er und „Miau" kam es deutlich wieder zurück. Das Echo hatte ihn so erschreckt, dass er auf und davon lief, die anderen Katzen ihm alle hinterher. Nach einer Weile blieben der Kater und auch die Katzen stehen, und er sagte: „Das Miau aus dem Brunnen klang so, als wenn einer von uns es gerufen hätte. Vielleicht ist ja einer von uns in den Brunnen gefallen." Er begann zu zählen: „Eins, zwei, drei, vier, fünf." Dann zählte er nochmal, diesmal von der anderen Seite. Er kam nur bis fünf!
„Wir sind nur fünf", sagte der Kater. „Es stimmt, einer von uns muss in den Brunnen gefallen sein." Alle Katzen rannten zurück zum Brunnen. Der Kater schaute in das Wasser des Brunnens. Er sah sein Spiegelbild und sagte: „Ja, ich sehe einen von uns im Brunnen." In diesem Moment fing es an zu regnen. Das Spiegelbild im Brunnen bekam viele Tropfen ab und war nicht mehr zu erkennen. Da rief die kleinste Katze, die auch in den Brunnen geschaut hatte: „Es ist ja gar keiner in den Brunnen gefallen. Im Brunnen ist ja nur Wasser. Kater, du musst dich doch auch selbst mitzählen."
Alle waren ganz erleichtert und gingen frohgemut wieder nach Hause.

Spielanregung

Die sechs Katzen werden von sechs Fingern dargestellt (eine Hand plus der andere Zeigefinger – dieser zählt an der entsprechenden Stelle die Finger der anderen Hand). Der Brunnen wird mit einer Hand geformt. Die Katzen können hin und her gehen.

Ein Käfer fängt zu klettern an

Bewegungsgedicht
Alter: ab 2 Jahren

Ein Käfer fängt zu klettern an.
Er steigt, so weit er steigen kann
an einem Grashalm hoch hinauf
und hält erst oben ein im Lauf.

Nun steht er wie auf einem Turm.
Da bläst ein arger Wirbelsturm.
Der Halm schwankt hin, der Halm schwankt her,
er biegt sich tief, er biegt sich sehr.

Ach, wie der Käfer sich da hält,
damit er nicht hinunterfällt.
Da bläst noch mehr der tolle Wind,
der Käfer fällt hinab geschwind.

Ihr meint, das tat ihm ganz schön weh?
Oh nein, er guckt nur in die Höh
und lacht und rappelt sich schnell auf
und steigt am nächsten Halm hinauf.

Spielanregung

Ein Arm stellt den Grashalm dar, an dem die Finger der anderen Hand wie ein Käfer hochkrabbeln. Beim Sturm können alle kräftig blasen. Wenn alle Kinder ordentlich Wind machen, fällt der Käfer hinunter, und das Spiel beginnt von vorne.

Der Froschteich

Bewegungsgeschichte
Alter: ab 3 Jahren
Material: Matten, Tücher, Stühle, Sportgeräte

Es gab einmal einen Teich, der lag weit abgelegen mitten in einem dichten Wald. Dort lebten viele muntere Frösche, die besonders weit springen konnten. Sie hüpften den ganzen Tag von einer Insel zur anderen, von einem Baumstamm zum nächsten Landeplatz. Wenn sie genug herumgesprungen waren, dann ruhten sie sich auf den Seerosenblättern aus und schauten mit ihren Glubschaugen friedlich über den Teich.
Eines Tages kam ein großer, weißer Vogel angeflogen. Er landete im glitzernden Wasser. Er hatte weiße Federn und einen langen, eleganten Hals. Die Frösche hatten zuvor noch nie ein so schönes Geschöpf gesehen.
Der Vogel sprach: „Guten Tag, ich bin ein großer Freund der Frösche, kommt alle morgen früh zu meinem Baumstamm. Ich lade euch zu einem großen Fest ein."
Die Frösche waren so aufgeregt, dass sie überall herumsprangen und sich freuten. Sie sprangen vor Übermut über die Felsen und schwammen im Teich herum. „Quak, quak, wir feiern morgen ein Fest."
Die Nacht kam heran, und alle Frösche sangen und waren gut gelaunt. Dann legten sie sich schlafen. Ein kleiner Frosch konnte aber kein Auge zutun. Er machte noch einen kleinen Abendspaziergang und begegnete einem Eichhörnchen. Er erzählte ihm von dem großen, weißen Vogel, der sie für den nächsten Tag alle zu einem großen Fest eingeladen hatte.
„Oh je", sagte das Eichhörnchen. „Das ist ein Storch, der euch morgen alle fressen wird. Du musst die anderen warnen, sonst wird niemand von euch den Tag überleben."
Der kleine Frosch hüpfte zu den anderen Fröschen, weckte sie alle und berichtete aufgeregt, in welcher Gefahr sie schwebten. „Ich habe eine Idee", sprach der älteste Frosch. „Wir schleichen uns alle an den Storch heran und quaken auf mein Kommando so laut, dass dem großen Vogel bestimmt das Herz stehen bleibt." Gesagt, gequakt, getan. Sie schlichen sich alle an den schlafenden Storch heran. Opa Frosch zählte: „Drei, zwei, eins" – und dann quakten alle, so laut sie konnten. Der Storch wachte vor Schreck auf, sauste mit Karacho nach oben und flog, so schnell er konnte, mit großen Flügelschlägen auf und davon. Die Frösche legten sich erschöpft in die Sonne und waren froh, dass sie noch einmal davongekommen waren.

Spielanregung

Die Rollen werden verteilt: der Storch, der kleine Frosch, das Eichhörnchen, Opa Frosch und alle anderen Frösche. Ein Baumstamm wird mit ein paar Stühlen und einer Decke oder einem Kastenoberteil geformt. Die Inseln im Teich können Matten oder Tücher sein. Die Geschichte wird beim Erzählen von den Kindern gespielt. Natürlich hüpfen die Frösche und können quaken. Das Eichhörnchen krabbelt auf allen Vieren und stellt sich auf die Hinterbeine, wenn es mit dem Frosch redet. Der Storch flattert mit den Armen, stolziert auf einem Bein und klappert dazu mit seinem Schnabel (Arme auf und zu).

Seht, die Giraffe

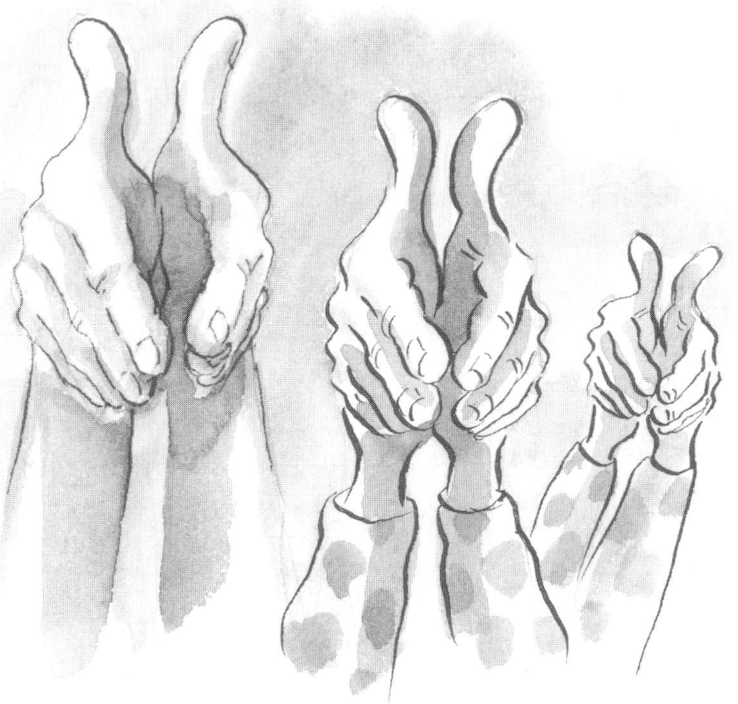

Gedicht zum Strecken
Alter: ab 3 Jahren

1. **Seht**, die Gi**raf**fe,
sie **ist** ziemlich **groß**.
Ihr **Hals** ist so **lang**,
fast **gren**zen**los**.
Sie **ist** so **rie**sig,
fast **wie** ein **Haus**
und **streckt** den **Kopf**
ganz **hoch** hin**aus**,
ganz **hoch**,
ganz **hoch**,
ganz **hoch** hin**aus**.

2. **Seht**, die Gi**raf**fe,
wenn sie **trin**ken **muss**.
Die **Fü**ße ausei**nan**der,
so **steht** sie am **Fluss**.
Mit **stei**fen **Bei**nen
ganz **tief** ge**duckt**.
Sie **schlürft** das **Was**ser
und **trinkt** und **schluckt**,
sie **trinkt**,
sie **trinkt**,
sie **trinkt** und **schluckt**.

3. **Seht**, die Gi**raf**fe,
sie **frisst** vom **Baum**.
Sie **kommt** so **hoch**,
das **glaubt** man **kaum**.
Der **Hals** wird **kurz**
nach **vorn** ge**streckt**,
denn **Blät**ter gibt's ge**nug**,
wie **gut** das **schmeckt**,
wie **gut**,
wie **gut**,
wie **gut** das **schmeckt**.

4. **Seht**, die Gi**raf**fe,
sie ist **lang** und **dünn**,
doch sie **läuft** ganz **leicht**
am **Bo**den da**hin**.
Der **Kopf** bleibt **o**ben
mit **Über**blick,
da **läuft** sie und **schwebt** fast
mit **viel** Ge**schick**,
mit **viel**,
mit **viel**,
mit **viel** Ge**schick**.

Spielanregung

Ein Stück zum Strecken und Dehnen. Hals und Kopf der Giraffe werden mit zwei Armen und Händen dargestellt, die Daumen sind ausgestreckt und bilden die kleinen Höcker auf dem Kopf. In der ersten Strophe stellt sich die Giraffe vor, streckt den Hals (Arme) und wendet den Kopf hin und her. Dann muss sie versuchen, den Boden zu erreichen, ohne die Beine zu sehr zu biegen, und dabei den Giraffenkopf so tief wie möglich beugen.
Im dritten Abschnitt streckt sich die Giraffe nach vorne, und das Maul klappt zum Fressen auf und zu. In der letzten Strophe bewegen sich alle durch den Raum und versuchen, große Schritte zu machen.

Variante
Die Kinder sollen bestimmte Reime raten.

Willi, der Wurm

Spiel für Finger und Hände
Alter: ab 4 Jahren

Refrain:	
Ich **saß** auf meinem **Gar**tenzaun	*Hände verschränkt vor den Körper halten*
und **kaute** einen **Kau**gummi	*rhythmisch kauen*
und **spielte** mit dem **Jo**jo.	*Eine Hand bewegt sich rauf und runter*
Da kam **Wil**li, der **Wurm**	*Kleiner Finger spielt einen Wurm*
Ich sagte: „Willi, was bist du denn so groß geworden?“	*Alle beide Hände schlagen über dem Kopf zusammen*
1. Antwort: „Ich habe eine Floh verschluckt“	*Mit zwei Fingern einen kleinen Floh zeigen*
Gleich war Willi wieder verschwunden.	*Die Hand, die den Wurm dargestellt hat, verschwindet hinter dem Rücken*
(Refrain)	
Ich **saß** auf ... Da kam Willi, der Wurm ...	*Der Zeigefinger taucht als Wurm auf*
2. Antwort: „Ich habe eine Maus verschluckt“	*Mit zwei Fingern eine Maus zeigen*
Gleich war Willi wieder verschwunden.	*Die Hand verschwindet wieder hinter dem Rücken*
Ich **saß** auf ... Da kam Willi, der Wurm ...	*Ein ganzer Arm taucht als Wurm auf*
3. Antwort: „Ich habe eine Katze verschluckt“	*Mit beiden Händen eine Katze zeigen*
Gleich war Willi wieder verschwunden.	
Ich **saß** auf ... Da kam Willi, der Wurm ...	*Mit beiden Händen einen großen Wurm darstellen*
4. Antwort: „Ich habe einen Elefant verschluckt“	*Hände so weit es geht auseinander strecken und einen Elefanten andeuten*
Gleich war Willi wieder verschwunden.	
Ich **saß** auf ... Da kam Willi, der Wurm ...	
Ich sagte: „Willi, was bist du denn so klein geworden?“	*Alle beide Hände schlagen über dem Kopf zusammen*
Ich hab sie alle wieder ausgespuckt.	*Der kleine Finger neigt sich rhythmisch nach unten.*

Spielanregung

Der Witz bei diesem Stück besteht darin, dass der Wurm bei jedem Durchgang immer größer wird und am Schluss dann wieder zu seiner Ausgangsposition zurückkehrt. „Ich saß auf einem Gartenzaun ...“ wird bis zur Frage „Willi, was bist du denn so groß geworden?“ als wiederkehrender Reim mit den dazu gehörenden Bewegungen insgesamt viermal gesprochen. Am Schluss steht die Frage: „... Was bist du denn so klein geworden?“

Variante
Ein Kind spielt den Wurm als Ganzkörperrolle und mehrere andere Kinder stellen den Gartenzaun dar. Die Kinder können sich überlegen, wie sich ein Wurm fortbewegt. Bei jedem Durchgang könnte sich ein Kind an den Wurm anhängen, sodass er immer größer wird.

Zehn zahme Ziegen

Rhythmisches Laufspiel
Alter: ab 5 Jahren

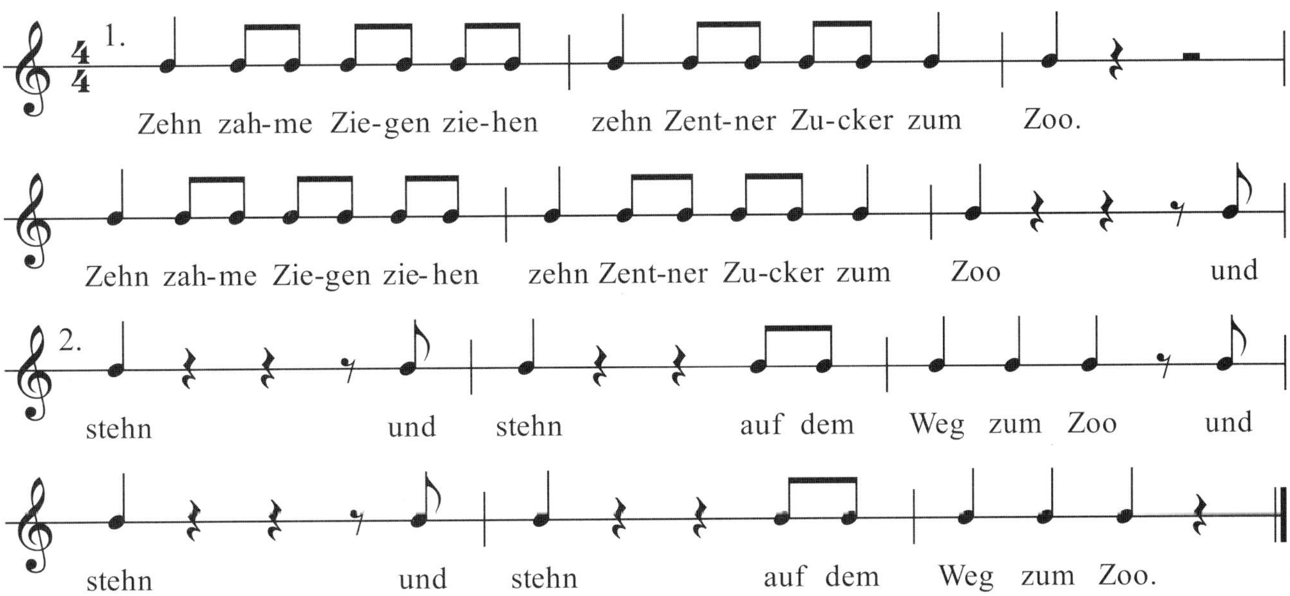

A-Teil

Zehn **zahme** Zie**gen**
ziehen **zehn** Zentner **Zu**cker
zum **Zoo**.

B-Teil

Und **stehn**
und **stehn**
auf dem **Weg** zum **Zoo**.

Spielanregung

Dieser rhythmische Sprechtext kann als Kanon – in diesem Fall zweistimmig – umgesetzt werden. Zunächst werden die beiden Teile hintereinander gesprochen und die Schritte dazu ausgeführt: im A-Teil zum Text gehen und beim B-Teil stehen bleiben. Jeder Abschnitt umfasst drei Takte und wird einmal wiederholt. Die Länge des gesamten Stückes beträgt also zwölf Takte.

Katzentheater 7

Bewegungslied
Alter: ab 4 Jahren

1. **Uns**re Katzen **schla**fen
auf dem **Tep**pich **dort**.
Es **su**chen sich die **Bra**ven
gern **ei**nen warmen **Ort**.
Keiner darf da **mur**ren,
Katzen gehen **vor**,
be**son**ders, wenn sie **schnur**ren,
dann **hört** man sie im **Chor**.

2. **Schläf**rig sind die **Tie**re,
nun **regt** sich was im **Haus**.
Sie **stre**cken alle **Vie**re
nach **al**len Seiten **aus**.
Sie **lie**gen auf dem **Rü**cken,
sind verschlafen **drauf**.
Da **stehn** aus freien **Stü**cken
die **mü**den Katzen auf.

Refrain:
Katzenthe**a**ter!
Ob **Mie**ze oder **Ka**ter,
Katzenthe**a**ter, miau.

3. **Und** mit leisen **Pfo**ten
springen **sie** auf den **Tisch**.
Das **ist** für sie ver**bo**ten,
doch das **schert** sie **nicht**.
Der **Po** wird ange**ho**ben.
Die **Pfo**ten lang ge**streckt**.
Dann **geht** der Kopf nach **o**ben,
und der **Hals** wird hochge**streckt**.

4. Sie **lau**fen immer **lei**se,
schleichen **durch** den **Raum**,
auf **ih**re sanfte **Wei**se,
man **hört** sie wirklich **kaum**.
Sie **hüp**fen durch die **Mit**te
mit **Tem**po und mit **Schwung**
und **ma**chen große **Schrit**te,
sind **im**mer auf dem **Sprung**.

Refrain

5. **Bellt** der Hund vom **Nach**barn,
bleiben **al**le Katzen **stehn**.
Was **macht** der Hund für 'n **Krach** da.
Den **wolln** wir hier nicht **sehn**.
Sie **fau**chen, schneiden **Frat**zen.
Der **Hund** nimmt sich in **Acht**.
Jetzt **ha**ben unsere **Kat**zen
für **sich** die ganze **Nacht**.

6. **Und** sie ziehn nach **drau**ßen
und **sau**sen richtig **los**.
Wo **wohl** die Mäuse **hau**sen?
Ihr **Hun**ger ist sehr **groß**.
Sie **ja**gen nach den **Mäu**sen,
doch **ha**ben heut kein **Glück**.
Im **Haus** gibt's andre **Spei**sen,
und da **gehn** sie gern zu**rück**.

Refrain (3x)

Spielanregung

Katzen zu spielen macht allen Kindern großen Spaß. Geschmeidig zu gehen, sich zu ducken oder den Buckel zu krümmen, wird erst einmal „trocken" geübt. Dann wird der Text des Liedes besprochen und in Szene gesetzt. Gerne wird die Katzenfigur im Kinderyoga verwendet.
Die Kinder knien und stützen sich mit den Händen ab. Dann wird ein Buckel gemacht, und schließlich geht der Bauch zum Boden und der Kopf wird nach oben gestreckt.

Variante
Natürlich können sich die Kinder auch als Katzen verkleiden, und alle Erwachsenen und anderen Kinder werden zu einer kleinen Theateraufführung eingeladen. Die Vorderpfoten können auch zwei Handschuhe oder Strümpfe sein. Ein Kind übernimmt die Rolle des Hundes, andere von ein paar Mäusen, die davonlaufen. Zum Schluss legen sich alle wieder auf ihren Anfangsplatz.

Das Fliegenschloss

Bewegungsgeschichte
Alter: ab 2 Jahren

Kennt ihr schon meine nette, kleine Fliege? Sssssss. Sie saust den ganzen Tag herum – sssssss – und wohnt in ihrem Fliegenschloss. Ssssssssss. Das Schloss hat so dicke Wände, dass sie dort nicht mehr zu hören ist.
Die Fliege hat einen Freund, den frechen Floh. Er springt auch den ganzen Tag herum, flupp, flupp. Manchmal machen sie zusammen einen Ausflug. Dann saust zuerst die Fliege in der Luft herum: ssss, und der Floh springt ihr von einem Platz zum anderen hinterher: flupp, flupp. Manchmal lädt die Fliege den Floh zu einem Fliegenkaffee in ihrem Schloss ein. Sie ist dann immer die erste, saust in ihr Fliegenschloss, der Floh hüpft hinterher. Beide schwatzen nun über dies und das. Sie sind dann für Stunden nicht mehr zu sehen.
Eines Tages, als sie wieder von einem Ausflug zurückkommen, erst die Fliege und dann der Floh, und danach in ihrem Fliegenschloss verschwinden, kommt ein Bär – brumm, brumm – zu dem Haus. Er klopft und fragt. „Wem gehört das schöne Schloss? Darf ich eintreten?“ Die Fliege sieht zur Tür heraus und ist gut gelaunt. „Komm herein, sei mein Gast. Ich habe schon Besuch, meinen Freund, den Floh. Du kannst uns Gesellschaft leisten.“ Aber kaum ist der Bär im Haus, muss er kräftig niesen: „Hatschi“. Die Wucht des Niesens ist so groß, dass das ganze Fliegenschloss auseinander bricht. Es gibt einen großen Schlag. Die Fliege, der Floh und der Bär fliegen im hohen Bogen durch die Luft und von dem Fliegenschloss bleibt fast nichts mehr übrig.

Spielanregung

Die Kinder machen die entsprechenden Bewegungen und Geräusche zur Geschichte. Die Tiere werden wie folgt dargestellt: Ein Zeigefinger saust als Fliege herum. Für den Floh werden Daumen und Zeigefinger der anderen Hand aneinandergepresst.
Der Bär wird durch ein Schulterhochziehen und mit ausgebreiteten Armen verkörpert. Bei „Schlag“ klatschen alle die Hände fest zusammen.

Kapitel 4

Ausflug in ferne Welten

Fünf Zwerge machen eine Reise

Zählspiel
Alter: ab 2 Jahren

Fünf Zwerge machen eine Reise,
der eine sagt: „Ich bleibe hier".
Wie viel sind noch übrig?
Vier!

Vier Zwerge wandern durch den Wald.
Es ist finster,
es ist kalt.
Einer verliert den Weg dabei.
Wie viel sind noch übrig?
Drei!

Drei Zwerge springen über'n Bach.
Der eine vor. Dcr andrc nach.
Der Dritte springt hinein – Juchhei!
Wie viel sind noch übrig?
Zwei!

Zwei Zwerge klettern frisch und munter,
einer fällt den Berg hinunter.
So schnell wie dieser purzelt keiner.
Wie viel sind noch übrig?
Einer!

Ein Zwerg, der packt den Kuchen aus
für einen feinen Kuchenschmaus.
„Den ess ich ganz allein, ja, ja!
Doch trippel, trappel,
zum Kuchenessen sind alle wieder da.

Spielanregung

Das Frage- und Antwortspiel können alle Kinder mit den Fingern mitmachen. Die fünf Zwerge sind also eine Hand. Alle Antworten werden mit den Fingern gezeigt und laut gerufen.

Dschungelschatz ⊙ 8

Rap zum Mitmachen
Alter: ab 6 Jahren

1. Wir **sind** mitten im **Dschun**gel,
laufen **hin**tereinander **her**
und **schwit**zen, es ist **gräss**lich heiß.
Das **Lau**fen fällt uns **schwer**.
Wir **ha**ben große **Plä**ne,
denn wir **su**chen einen **Platz**,
dort **liegt** etwas be**gra**ben,
viel**leicht** ein großer **Schatz**.

2. Der **Wald**, der wird jetzt **dunk**ler,
Ge**strüpp** wird dichter **dann**.
Das **Grün**, das muss zur **Sei**te,
es **geht** nur schwer vo**ran**.
Wir **klet**tern über **Bäu**me,
machen **manch**mal einen **Satz**,
wie **Tar**zan durch die **Lüf**te.
Wo **ist** nur dieser **Schatz**?

Refrain:
Unga, unga, **ding**, ding, dong.
Wir **sind** auf Dschungel**tour**.
Unga, unga, **ding**, ding, dong,
dem **Schatz** auf der Spur.

3. Dann **kom**men Wasser**süm**pfe.
Was **müs**sen wir uns **mühn**.
Wir **stam**pfen langsam **wei**ter,
den **Schlamm** bis zu den **Knien**.
Da **lie**gen ja Kroko**di**le,
die **ma**chen viel Ra**batz**.
Wir **ren**nen ganz schnell **wei**ter
und **su**chen nach dem **Schatz**.

4. Und **plötz**lich die Klapper**schlan**gen,
die **brin**gen uns beinah **um**.
Und **dann** noch ein paar **Af**fen
hüpfen **wild** um uns he**rum**.
Es **geht** durch Tal und **Schluch**ten.
Wir **su**chen nach dem **Platz**,
schaun **oft** auf unsre **Kar**te.
Wo **ist** denn nur dieser **Schatz**?

Refrain

5. Da **steht** ein Urwald**rie**se,
ein **Baum**, groß wie ein **Haus**.
An **sei**nem Fuß, da **gra**ben wir
und **holn** auch etwas **raus**.
Wir **fin**den eine **Kis**te,
das **war** ein Großein**satz**.
Da **liegt** vor unsren **Au**gen,
der **sa**genhafte **Schatz**.

6. Wir **ha**ben von dem **Lau**fen
jetzt **Bla**sen an den **Zehn**
und **nicht** mehr viel zu **es**sen.
Das **ist** schon nicht mehr **schön**.
Die **Kis**te wiegt ja **Zent**ner.
War **al**les für die **Katz**?
Wir **sit**zen hier im **Ur**wald.
Was **nützt** uns da der **Schatz**.

Refrain

7. Zum **Glück** haben wir ein **Han**dy,
und **ru**fen an zu **Haus**.
Ein **Hub**schrauber, der **fliegt** uns
schnell **aus** dem Dschungel **raus**.
Wir **kom**men gleich ins **Fern**sehn
und **neh**men dort dann **Platz**,
und **al**le Welt, die **spricht** nur
von **un**serm Dschungel**schatz**.

Schluss:
Unga, unga, **ding**, ding, dong,
das **war** die Dschungel**tour**.
Unga, unga, **ding**, ding, dong,
dem **Schatz** auf der **Spur**.

Spielanregung

Dieser Urwald-Rap hat einen etwas ungewöhnlichen Schluss. Das Stück kann als kleines Theaterstück umgesetzt werden. Dafür wird die Geschichte vorgelesen und gemeinsam überlegt, wie eine Spielhandlung aussehen könnte. Zum Bespiel: Alle laufen hintereinander durch den Busch und stellen die Geschichte pantomimisch dar, d. h. Gestrüpp zur Seite schieben, an Bäumen entlang hangeln, durch die Sümpfen waten und schließlich die schwere Schatzkiste öffnen. Auch die Kiste könnte von einem Kind gespielt werden.
Vielleicht haben die Kinder Lust, einfache Tanzschritte auszuprobieren? Wer das Playback benutzt, kann den Text auch kürzen und Textteile wiederholen.

Mein Opa kennt Europa

Ratespiel
Alter: ab 8 Jahren

Mein Opa kennt Europa.
Er sagt mir was ins Ohr.
Ich mach es vor mit meiner Hand.
Ihr sagt mir dann, so schnell es geht:
„Wie heißt das Land?"

Spielanregung

Ein Spiel, das sich gut für eine Gruppe mit Kindern aus verschiedenen Ländern eignet. Die Gruppenleiterin malt mit der Hand einen Gegenstand, etwas Typisches aus dem Land oder ein Wort an die Tafel oder auf eine Wandzeitung. Beispiel: Über die Umrisse soll das Land erraten werden (z. B. der Stiefel von Italien). Oder: Ein Turm wie „Big Ben" steht für England, ein paar Tulpen für die Niederlande, eine Gondel für Italien, eine Moschee für die Türkei.
Nach der richtigen Antwort beginnt die neue Runde.

Variante für zwei Gruppen
Ein Kind der einen Gruppe denkt sich etwas Typisches aus einem Land aus, z. B. eine Speise oder ein Wahrzeichen, das die Gruppe der anderen pantomimisch darstellt. Anschließend werden die Rollen getauscht. Die letzte Zeile des Verses kann auch abgewandelt werden: „Was kommt aus diesem Land?" Gewonnen hat die Gruppe mit den meisten richtigen Antworten.

Piratenkapitän Einauge

Bewegungsgeschichte
Alter: ab 6 Jahren
Material: Matten, Seile, Bänke etc.

Piratenkapitän Einauge und seine Mannschaft haben wieder einmal große Geldsorgen. „Wir müssen die Insel Mingomango überfallen und den Schatz von Häuptling Nasiwasi in unsere Hände bekommen." Gesagt, getan!
Die Piraten steigen in ihr Piratenschiff, *rudern (mit Armen und Händen, immer zwei Piraten nebeneinander)* aus ihrer versteckten Bucht mit allen Kräften aufs offene Meer. „Hau ruck, hau ruck!" Dann setzen die Piraten die Segel.
Der Wind bläst kräftig *(mit vollen Backen pusten)*. Das Schiff fährt schnell und schneller. Doch kurz darauf setzt eine Flaute ein. Kein Lüftchen ist mehr zu spüren. Die Piraten müssen wieder kräftig *rudern. „Hau ruck, hau ruck."* Schließlich ruft ein Pirat: *„Land in Sicht."* Die Insel Mingomango liegt vor ihnen. Sie gehen vor Anker.

Im Morgengrauen verlassen die Piraten ihr Schiff und *rudern* mit ihren kleinen Booten an Land. Auf der Insel angekommen, *kriechen* sie erstmal ganz langsam am Boden entlang. Den Kopf dürfen sie nicht hoch halten, damit sie nicht gesehen werden.
Dann stoßen sie auf den stillen Nebenarm eines Flusses. Das Wasser ist dort ganz flach. Da entdecken die Piraten, dass viele Krokodile wie kleine Inseln im Wasser liegen. Kapitän Einauge befiehlt: „Los, alle Mann, überqueren den Tümpel!". Die Piraten haben zwar mächtig Angst, doch es bleibt ihnen nichts anderes übrig, und sie *hüpfen* so schnell es geht von einem Krokodil-Rücken *(z. B. Matte)* zum anderen.
Dann stehen die Piraten vor einem großen Felsbrocken. Da müssen sie hinüber*klettern (z. B. Seile oder Kletterstangen)*. Gar nicht so einfach! Doch auch dieses Hindernis wird überwunden. Danach kommen sie in einen dichten Urwald. Von den riesigen Bäumen hängen Giftschlangen herunter. Nach links und rechts müssen sie den gefährlichen Tieren ausweichen *(Seile, die nicht berührt werden dürfen)*.
Schließlich erreichen die Piraten das Dorf von Häuptling Nasiwasi. Die Inselbewohner werden nach einem kurzen Kampf mit *großem Gejohle (Kampfgeschrei, klatschen)* gefangengenommen. Gerade will Kapitän Einauge dem Häuptling ein Ohr abschneiden, um ihm das Versteck des Dorfschatzes zu entlocken, als ein geheimnisvoller *Trommelschlag (Spielleitung!)* zu hören ist.
Häuptlingssohn Nasimini, der sich im Unterholz versteckt hat, spielt auf einer Zaubertrommel. Die gefangenen Inselbewohner *trampeln den Rhythmus mit*. Der Zauber der Trommel bewirkt, dass die Piraten *wie angewurzelt am Boden kleben* bleiben und sich nicht mehr bewegen können. Diese Zauberkraft existiert nur auf der Insel Mingomango.
Der Häuptlingssohn befreit alle Dorfbewohner, und jetzt werden stattdessen die Piraten gefesselt. „Doch was sollen wir mit diesen wilden Männern machen?", fragen sich die Eingeborenen. Häuptling Nasiwasi hat eine Idee. „Wir bringen sie auf unsere Nachbarinsel Krokoskokos. Da gibt es viele Fische, tropische Früchte und genug zu essen."
Gesagt, getan, die Inselbewohner *rudern* zur Nachbarinsel – *„Hau ruck, hau ruck"* – und lassen dort die Piraten frei. Alle Waffen und das Piratenschiff nehmen sie mit. Sie *rudern* wieder zu ihrer Insel Mingomango zurück – *„Hau ruck, hau ruck."*
So bekommen die Piraten doch noch einen Schatz, wenngleich auch einen von ganz anderer Art, als sie es sich je hatten träumen lassen. Es geht ihnen von diesem Tag an sehr gut. Sie müssen nur einen *Baum hochklettern (Kletterseil oder -stange)*, dann die Hände *nach oben strecken*, und schon gibt es Kokosnüsse und Ananas in Hülle und Fülle. Mit der Zeit vergessen sie ganz, weshalb sie einmal die Insel Mingomango überfallen wollten.

Spielanregung

Die Piratengeschichte lässt sich mehr oder weniger aufwändig in Szene setzen. In der Sporthalle kann eine ganze Bewegungslandschaft mit Geräten, Bänken und Matten aufgebaut werden, oder die Gruppe greift nur einzelne Elemente der Geschichte auf, je nach Alter und Möglichkeiten. Inselbewohner und Piraten werden ausgewählt, und nach einer ersten Lesung überlegen alle gemeinsam, welche Bewegungen die Geschichte adäquat umsetzen. In der Geschichte sind Bewegungsanregungen *kursiv* gesetzt.

Indianer-Trommeltanz 9

Tanzlied
Alter: ab 4 Jahren
Material: Steine oder Holzstücke, rote Tücher, Trommel, Rasseln

1. **An** dem großen **La**gerfeuer
ist es nun so **rich**tig heiß.
Heute tanzen **wir** zur Feier
miteinander **all** im Kreis.
Große, kleine **In**dianer
hüpfen gern auf **ei**nem Bein,
klopfen so auf **Mut**ter Erde,
hier im wilden **Feu**erschein.

Refrain
(4x) **Dum**, dum, **he**ja heja **dum** dum **ho**.

2. **Stam**pfen alle **auf** der Stelle,
gehn nun auf die **Mit**te zu.
Schauen alle **kurz** nach oben,
irgendwo ist **Ma**nitu.
Heben unsre **bei**den Hände,
danken so der **gan**zen Welt.
Feuer, Wasser, **Luft** und Erde
ist, was uns zu**sam**menhält.

3. **Und** wir drehen **uns** im Kreise
einmal um uns **selbst** herum.
Beugen uns da**bei** nach vorne,
unser Rücken **wird** ganz krumm.
Immer tiefer **gehn** die Köpfe,
Arme schwingen **auch** noch mit,
drehn uns weiter, **und** wir stampfen
alle nur im **glei**chen Schritt.

Refrain

4. **Und** wir gehn zu**rück** nach außen
auf den Kreis im **glei**chen Tritt,
tanzen weiter, **stam**pfen fester,
und das Feuer **knis**tert mit.
Rechte Hand geht **jetzt** nach oben,
und die linke **folgt** sodann.
Jede Trommel **zeigt**, dass sie
noch **lau**ter trommeln **kann**.

Refrain

5. **Wie**der drehn wir **uns** nach innen.
Rasseln klingen **auch** noch mit.
Stampfen weiter **auf** der Stelle
unsern Indi**a**nerschritt.
Unser Feuer **brennt** jetzt kaum noch.
Ja, der Tanz hat **Spaß** gemacht.
Alle bleiben **schließ**lich stehen,
und der Wind pfeift **durch** die Nacht.

Spielanregung

Für dieses Tanzlied brauchen die Kinder viel Platz. In der Mitte wird – aus farbigen Tüchern und einigen Steinen oder Holzstücken – ein imaginäres Feuer gelegt. Die Spielleitung schlägt den Takt auf der Trommel, die Kinder können sich Rasseln um die Fuß- oder Handgelenke binden. Für den Tanz sind folgende Grundschritte möglich: zweimal auf dem rechten Fuß und zweimal auf dem linken Fuß hüpfen.

Dieser Tanzschritt gilt für die gesamten Strophen. Zum Refrain können die Kinder noch zusätzlich mitklatschen und mitsingen.

1. Langsam im möglichst großen Kreis vorwärts bewegen
2. Langsam auf die Mitte zu tanzen, nach oben schauen und beide Hände hochheben
3. Auf der Stelle drehen, sich sacht nach vorne beugen und dabei immer weiter stampfen
4. Wie in der ersten Strophe auf den Außenkreis gehen und weiter um das Feuer tanzen. Danach erst die rechte, dann die linke Hand langsam nach oben heben
5. Nach innen drehen und langsam zum Ende kommen

Variante

Natürlich macht es noch mehr Spaß, draußen um ein richtiges Lagerfeuer zu tanzen. Und wenn die Kinder sich schminken, Federn ins Haar stecken und Indianerkostüme anziehen, wird das Lied zu einem kleinen Spielfest.

Der Zauberteppich

Spiel zum Verwandeln
Alter: ab 5 Jahren
Material: Heulschläuche, Klangstab, Klangholz, Trommel, Matten oder große Decken

Mit dem **Zau**ber**tep**pich
fliegen wir **durch** die **Welt**,
kommen **in** ein **frem**des **Land**,
wo **un**ser **Tep**pich **hält**.
Steigen **ganz** ge**mäch**lich **aus**
an **dem** be**son**dren **Ort**.
Nach der **Lan**dung, **die** Ver**wand**lung
und der **Zau**ber **wirkt** so**fort**.

1. Wir sind im Gummitwistland
und hüpfen außer Rand und Band.

Eins, zwei, drei,
Zauberei vorbei.
(nach jedem Vers sprechen!)

2. Wir treffen König Hampelmann,
der steckt uns jetzt zum Hampeln an.

3. Auf der Insel Hexigum
fliegen alle Hexen rum.

4. Wir hüpfen jetzt mit Zentnerlast,
denn die Dinos sind zu Gast.

5. Plötzlich sind die Löwen los.
und das Brüllen ist megagroß.

6. Nilpferde liegen da ganz faul
und gähnen müde mit dem Maul.

Schlussvers:
Stehen da wie Vogel Strauß
und dann fliegen wir nach Haus.

Spielanregung

Dieses Spiel verzaubert die Kindergruppe oder einzelne Kinder in Bewohner von fantastischen Ländern. Es gibt so genannte Heulschläuche oder Schleuderhörner, die ein surrendes Pfeifen beim Drehen erzeugen, oder ein Klangstab kann die „zauberhafte Atmosphäre“ hervorrufen. Sehr gut macht sich auch eine Trommel oder ein Klangholz, denn sie heben die Betonungen des Verses hervor. Der Anfangstext wird dazu gesprochen. Eine Gruppe Kinder sitzt auf einem Zauberteppich (z. B. Matten im Turnraum oder große Decken) und wartet auf die Dinge, die da kommen. Dann wird einer der Zweizeiler gesprochen, und alle landen in dem betreffenden Land. Die Kinder steigen vom Zauberteppich herunter und machen jetzt die entsprechenden Bewegungen. Bei „Eins, zwei, drei ...“ setzen sich alle wieder auf ihr Flugobjekt und gleiten mit dem Zauberteppich weiter. Wer noch weitere Instrumente zur Verfügung hat, kann die Strophen auch musikalisch gestalten.

Hexe Pimpernelle

Bewegungsspiel
Alter: ab 4 Jahren
Material: Besen und Kopftücher

Kennt ihr schon die Hexenbraut
Pimpernelle Zwiebelkraut?
Rückwärts kriecht sie aus dem Bett,
schrubbt sich ab mit Stiefelfett,
kocht sich Seifenblasentee,
isst gern Scheuerlappen mit Gelee,
Zittergras und Fliegenkleckse.
Ja, das schmeckt der kleinen Hexe.

Macht sich Kichererbsenbrei
für die große Hexennacht.
Und sie reitet auf dem Besen,
dabei wird sehr viel gelacht.

Mit den andern vielen Hexen
schreit sie laut und schreit sie dreist.
Heute wird der große Blocksberg
richtig schnell und wild umkreist.

Spielanregung

Mit kleinen Requisiten werden die Kinder zu Hexen und machen die entsprechenden Bewegungen.

Der Regenmacher

Bewegung mit Instrumenten
Alter: ab 5 Jahren
Material: Rainmaker, Trommeln, Rasseln

In einem sehr heißen Land hatte es in einem kleinen Dorf seit Monaten nicht mehr geregnet. Der Boden war ganz trocken, und die Menschen hatten Sorge, dass sie dieses Jahr nichts ernten könnten und dann hungern müssten. Sie schwitzten den ganzen Tag, lagen im Schatten herum, und manchmal schlenderten sie müde und schlapp hin und her. Sie schauten oft nach oben und suchten nach einer Regenwolke, doch weit und breit war nichts am tiefblauen Himmel zu sehen. Sie beschlossen: Wir müssen den Regenmacher aus dem dichten Urwald hinter den Bergen holen, der wird uns bestimmt helfen. So geschah es! Der Regenmacher kam und sprach: „Ihr müsst nur fest an den Regen glauben." Er stellte sich mit ihnen zusammen im Kreis auf. Dann nahm der Regenmacher sein geheimnisvolles Schüttelrohr, ließ das Instrument erklingen und sprach dazu die Worte:

Regen, **Re**gen, **fall** her**ab**,
fall auf **un**sere **Pflan**zen.
Und **wenn** es **dann** ge**reg**net **hat**,
dann **wolln** wir **al**le **tan**zen.

Der Regenmacher gab ihnen Trommeln und Rasseln, und sie sprachen noch einmal den Vers, diesmal untermalt von ihrer Musik.

„Wir müssen ein paar Tage warten", sprach der Regenmacher. Die Dorfbewohner sahen jetzt oft zum Himmel. Die Erde war so trocken, dass alle Angst hatten, es könnte sich irgendwo ein Feuer von selbst entzünden. Als dann wirklich Flammen entdeckt wurden, schlugen sie mit gebündelten Zweigen auf den Boden und erstickten so das Feuer. Nach ein paar Tagen kam der Regenmacher wieder, und zusammen sprachen sie wieder ihren Vers, diesmal noch lauter und drängender. Wieder trommelten und rasselten sie dazu, so wild sie konnten.

Regen, **Re**gen, **fall** her**ab**,
fall auf **un**sere **Pflan**zen.
Und **wenn** es **dann** ge**reg**net **hat**,
dann **wolln** wir **al**le **tan**zen.

Sie wiederholten den Vers so lange, bis es dunkel wurde. Sie legten sich alle zum Schlafen nieder. In der Nacht hörten sie auf dem Dach ein kleines Geräusch. Tatsächlich, es fing ganz leicht zu tröpfeln an. Ab und zu hörten sie ein „Plong" und dann noch eines und dann immer mehr. Der Regen trommelte jetzt unentwegt über ihren Köpfen. Er wurde heftiger und heftiger, bis das Wasser nur so vom Himmel herunterprasselte. Die Menschen kamen aus ihren Hütten und fingen zu tanzen an. Sie hüpften von einem Bein aufs andere und drehten sich dabei langsam herum. Es bildeten sich schon die ersten Pfützen. Ein paar Kinder sprangen hinein, dass es nur so spritzte. Schließlich tanzten alle ausgelassen durch den Regen. Der Freudentanz nahm kein Ende. Sie wussten, jetzt würden alle Pflanzen richtig wachsen, sie würden eine gute Ernte einfahren, und alle hätten am Ende genug zu essen.

Spielanregung

Den „Rainmaker" gibt es im Versandhandel oder in Dritte-Welt-Läden. Aus Papprollen, Nägeln und Reis lässt er sich auch selbst bauen.
Dieses Instrumentes klingt wie prasselnder Regen. An den entsprechenden Stellen in der Geschichte kommt es zum Einsatz. Die Kinder lernen das sehr schnell. Den Regenvers und später den Freudentanz können die Kinder rhythmisch mit Rasseln und Trommeln begleiten.

Fest auf Burg Fleckenstein 10

Tanzlied
Alter: ab 4 Jahren

1. **Auf** der alten **Rit**terburg
können sich alle **freun**,
denn der Herr von **Fle**ckenstein
lädt heut ganz groß **ein**.
Weit gereiste **Gäs**te bringen
auf die Burg viel **Glanz**
zu dem Flecken**stei**ner Fest
mit Gesang und **Tanz**.

2. **Rit**ter kommen **hoch** zu Ross
über Stock und **Stein**,
eine Hand an **ih**rem Schwert,
so **rei**ten sie her**ein**.
Steigen von dem **Pferd** herab
und **klap**pern dabei **viel**.
Mit der Rüstung **so** zu tanzen,
ist kein Kinder**spiel**.

Refrain:
Zwei Schritt nach **hier**, (He)
zwei Schritt nach **da**. (Ho)
Rundherum **drehn**, faller**a**lala.

3. **Spiel**leut machen **Tanz**musik
und **sind** heut sehr gut **drauf**.
Mit **Trom**meln und dem **Du**delsack,
da **drehn** sie richtig **auf**.
Auf **je**de feine **Da**me schaun
alle ganz ge**bannt**,
wie **je**de sich mit **wei**tem Kleid
ver**beugt** ganz ele**gant**.

Refrain

4. So**gar** die Bauern **aus** dem Volk
sind **auf** der Burg zu **Gast**.
Nur mit den Händen **es**sen alle
mit im Burgpa**last**.
Hoch geht's her im **Rit**tersaal
bis **weit** nach Mitter**nacht**.
Graf **Flec**kenstein tanzt **auf** dem Tisch,
dass **al**les nur noch **lacht**.

Refrain

5. Es **wird** sehr spät bei **die**sem Fest,
sie **trin**ken viel vom **Wein**
und **lie**gen schließlich **un**term Tisch
und **schaun** betrunken **drein**.
Als sie alle **schla**fen, werden
Burggespenster **wach**.
Sie **spu**ken heut be**son**ders wild,
und **ma**chen mächtig **Krach**.

Refrain

Spielanregung

Es gibt verschiedene Rollen zu verteilen: Herr von Fleckenstein, Ritter, Spielleute, feine Damen, Bauern und Burggespenster. Zum Refrain tanzt die jeweilige Gruppe zwei Schritte zur einen, dann zur anderen Seite und dreht sich schließlich um die eigene Achse.
Das Lied kann beim nächsten Kinderfest zum Thema „Mittelalter" präsentiert werden. (Viele Anregungen gibt es dafür in „Das große Spectaculum", Münster 2001[11].)

Die sieben Drachen

Rhythmisches Bewegungsspiel

Alter: ab 4 Jahren

Wir **sind** die sieben **Dra**chen
mit **ei**nem sieben**fa**chen
großen Drachen**ra**chen.
Wir **kön**nen Feuer **ma**chen
und **an**dere tolle **Sa**chen.
am **liebs**ten aber **ma**chen
wir **Krach**.

Spielanregung

Alle verwandeln sich in Drachen, die mit schweren Schritten durch die Lande ziehen, ihren Oberkörper hin- und herpendeln lassen, die Mäuler aufsperren und immer wieder Feuer spucken (fauchen). Am Schluss dürfen alle Kinder immer fester auf den Boden stampfen und so richtig Krach machen. Der Vers wird rhythmisch gesprochen. Dabei können verschiedene Gangarten versucht werden. Meine Vorschläge:

1. nur zu den betonten Silben aufstampfen;
2. abwechselnd stampfen und klatschen;
3. stampfen und klatschen: erst nur einmal stampfen , dann klatschen, danach wieder stampfen und dann ein Doppelklatscher mit den Händen;
4. verschiedene rhythmische Bausteine einsetzen: z. B. die ersten beiden Zeilen wie unter Punkt zwei begleiten, dann zur dritten Zeile nur stampfen, zur vierten Zeile nur klatschen.

Bei der Kaiserin Josefine

Geburtstagsgeschichte
Alter: ab 4 Jahren

Ich möchte euch eine Geschichte von einer Kaiserin erzählen. Die heißt Josefine und wohnt in einem wunderschönen Schloss. Heute hat die Kaiserin Geburtstag. Also werden wir sie besuchen und ihr ein schönes Ständchen bringen.

Wir, der Kinderchor aus ... *(Ortsname einsetzen)* wandern zu ihr. (trapp, trapp, trapp – *alle stapfen mit*) und klingeln an der großen Schlosstür (ding, dong).
„Hallo, Kaiserin Josefine! Wir sind der Kinderchor aus ... und wollen dir zum Geburtstag ein Lied singen."

Bei der Kaiserin Josefine
haben wir Rabatz gemacht.
Einer spielte Violine,
einer spielte Kontrabass.

Heida tschinderassa,
heida bumderassa,
heida tschinderassa,
heida bum.

Die Kaiserin freut sich sehr über dieses Ständchen, und alle dürfen in das prunkvolle Schloss mitkommen.
Kurz darauf klingelt es wieder. Der Männergesangverein aus ... steht vor der Tür. *(Lied ganz tief singen).*
Es klingelt erneut am großen Tor, und nun steht der Frauenchor aus ... vor der Tür. Auch dieser möchte gratulieren. *(Lied ganz hoch singen).*
Die Kaiserin sagt: „Jetzt habt ihr alle so schön gesungen. Das hat mir gut gefallen. Aber leider habe ich ein wenig Kopfschmerzen und möchte mich etwas ausruhen." Sie geht die lange Treppe zu ihrem Schlafgemach hoch, legt sich in ihr großes Bett und schläft bald ein. In der Zwischenzeit singt der Kinderchor aus ... ganze leise, damit die Kaiserin nicht aufwacht: *(Lied ganz leise singen).*
Endlich hat Kaiserin Josefine ausgeschlafen und freut sich darüber, dass sie keine Kopfschmerzen mehr hat. Mit ihr freuen sich der Kinderchor, der Männergesangverein und der Frauenchor aus ... Alle zusammen singen sie noch mal ganz laut das Geburtstagsständchen.

Spielanregung

Hier geht es um das Singen in verschiedenen Tonlagen und Stimmungen. Violine, Kontrabass und Becken zum „Heida tschinderassa" stellen die Kinder pantomimisch dar. Für den Abschluss können drei Gruppen gebildet werden (Kinder, Männer, Frauen): Die Kinder stampfen zum Lied, die Männer singen tief, die Frauen hoch.

Kapitel 5

Hier geht s besonders rund

Dreh dich wie ein Kreisel ⊙ 11

Bewegungslied
Alter: ab 2 Jahren

Ein Stück zum Testen des Gleichgewichtssinns

1. Dreh dich wie ein Kreisel,
dreh dich immerzu.
Dreh dich auf der Stelle
ohne Rast und Ruh.
Sei ein kleiner Drehwurm,
saus im Kreis herum.
Mach es nicht zu hastig,
sonst fällst du dabei um.

2. Dreh dich einfach langsam,
ach, schön, wie du tanzt.
Heb die Hände dabei hoch,
hoch, so hoch du kannst.
Streck die Arme seitlich
weit, ganz weit hinaus,
winke allen Leute zu,
das sieht ganz lustig aus.

3. Geh mal in die Hocke,
dreh dich jetzt herum,
ist gar nicht so einfach,
fall nur ja nicht um!
Geh wieder nach oben,
bleib dann einfach stehn,
mach mal eine Pause,
dann wird es weitergehn.

4. Wechsel deine Richtung,
dreh dich weiter jetzt.
Nochmals wird das Kreiselspiel
rückwärts fortgesetzt.
Sei ein kleiner Drehwurm,
saus im Kreis herum.
Mach es nicht zu hastig,
sonst fällst du dabei um.

Zwischenspiel

5. Oh, jetzt wird es schwierig.
Wer kann's auf einem Bein,
ohne umzufallen?
So drehst du dich allein.
Hüpf auf einem Bein nur,
probier mal, wie es geht.
Wie sich so ein Fuß wohl
auf einer Stelle dreht?

6. Jetzt kommt gleich das Ende.
Es läuft ganz langsam aus.
Es fehlt für dich dann nur noch
ein kleiner Schlussapplaus.
So lange jetzt zu drehen,
das war ja sagenhaft.
Du warst ein toller Drehwurm
und jetzt hast du's geschafft.

Spielanregung

Je nach Alter können Strophen weggelassen oder zusätzlich gesungen werden. Die ersten zwei Verse sind auch schon von ganz Kleinen zu realisieren. Die Strophen mit der Drehung in der Hocke oder auf einem Bein sind eher für die Großen im Kindergarten und für Grundschüler geeignet. Während des Zwischenspiels kann sich jedes Kind ausgiebig weiterdrehen.

Variante für Ältere
Die folgenden Strophen haben einen noch höheren Schwierigkeitsgrad:

Dreh dich plötzlich schneller,
wie Propeller drehn,
grad so wie ein Wirbelwind,
der bläst so richtig schön.
Doch ewig kann das Drehen
so nicht weitergehn.
Davon wird dir schwindlig.
Du bleibst halt wieder stehn.

Setz dich auf den Boden,
rutsch jetzt auf dem Po.
Langsam dich zu drehen,
probier es einfach so.
Heb die Füße höher
und dreh dich so herum,
stütz dich mit den Händen ab
und kipp nur ja nicht um.

Triller, Triller auf dem Dach

Ballspiel
Alter: ab 4 Jahren
Material: Leichter Ball

Triller, **Tril**ler **auf** dem **Dach**,
mach mir **mal** ... *(Pause lassen)*
den/die / *(Name einsetzen)* **wach**.

Spielanregung

Ein Kind hat einen Ball und dotzt (man sagt im Norden auch „prellt“) ihn im Rhythmus des Sprechverses auf den Boden. Dazu spricht es den überlieferten Vers. (Mit „Triller“ ist vermutlich eine Sirene gemeint.) Nach der kleinen Pause wird der Ball fest auf den Boden geprellt und der Name genannt. Das ist das Stichwort, auf das alle loslaufen. Der Benannte muss den Ball fangen und „Stopp“ rufen, wenn er den Ball hat. Dann bleiben die anderen stehen, und er muss jemanden mit dem Ball abwerfen. Je nach Alter können unterschiedliche Bälle verwendet werden: bei kleineren Kindern ein leichter Softball, bei größeren ein Gummi- oder Volleyball. Gelingt das Abwerfen, wird das getroffene Kind zum neuen Ausrufer. Wenn nicht, wird ein erneuter Durchgang gestartet. Nach drei Fehlversuchen bestimmt die Gruppenleitung durch Abzählen ein neues Kind, das den Ball übernimmt. Kleiner Tipp: Wenn die Kinder lange Namen haben wie „Alexander“ oder „Anna-Katrin“, dann lassen Sie einfach den Artikel weg.

Annegret Frank

Traumzauberbaum

Spiel mit Schwungtuch
Alter: ab 4 Jahren
Material: Großes Schwungtuch und kleine Chiffontücher oder Kissen, Klangschale, vergoldete Blätter

Ich bin der **Traum**zauberbaum,
mich sieht ein **Kind** nur im Traum,
wachse im **Traum**zauberwald,
bin tausend **Jah**re schon alt.

Ich zauber **gern** mit Bedacht,
oft aber **nur** in der Nacht.
In jedem **Blatt** steckt ein Traum.
Ich bin der **Traum**zauberbaum.

Spielanregung

Ein Schwungtuch wird in die Mitte des Raumes auf den Fußboden gelegt. Jedes Kind bekommt ein Chiffontuch oder bringt ein Kissen mit. Dieses Requisit wird an den Rand des Schwungtuches gelegt und markiert den Liegeplatz. Alle platzieren sich mit dem Kopf auf dem Tuch.
Dann wird der Vers gesprochen. Die Gruppenleitung schlägt bei jeder neuen Zeile eine Klangschale oder einen Klangbaustein an und lässt sie lange nachklingen.
Nach jedem Vers werden die Kinder in verschiedene Gestalten oder auch Tiere verwandelt, die sie dann in ihrer Bewegung und mit der Stimme nachahmen sollen. Dabei bewegen sie sich hintereinander im Uhrzeigersinn um den Traumzauberbaum. Der Vers kann dabei wiederholt werden, oder es werden nur die Klänge angespielt.

Die Kinder werden verwandelt in:

- Gespenster – mit Geheul um den Baum herumhüpfen,
- Zauberfeen – mit den Chiffontüchern sich drehend bewegen,
- Enten – in der Hocke watscheln und schnatternd vorwärtsgehen,
- Katzen – mit vielen „Miaus“ auf allen Vieren laufen,
- Hexen – die Chiffontücher um den Kopf binden und kichernd um den Baum springen.

Es wird ein Zeichen verabredet, bei dem der Zauber vorbei ist (z. B. lautes Anschlagen des Instrumentes). Die Kinder nehmen wieder ihren Platz am Traumzauberbaum ein.
Zum Schluss wird das Schwungtuch als großer „Hexenbesen“ zusammengerollt und alle Hexen setzen sich auf den Besen, indem sie ihn zwischen die Beine nehmen. So reiten sie dann gemeinsam als Hexen im Raum umher. Die vordere Hexe oder die Spielleitung darf die Richtung bestimmen. Schließlich wird das Tuch wieder ausgebreitet, die Kinder legen sich zum letzten Mal mit dem Kopf darauf und bekommen am Ende ein goldenes Blatt zur Erinnerung an den Traumzauberbaum (Dekoblatt aus dem Bastelgeschäft mit Goldspray besprühen).

Wir sind die Klatschmeister 12

HipHop-Stück
Alter: ab 5 Jahren

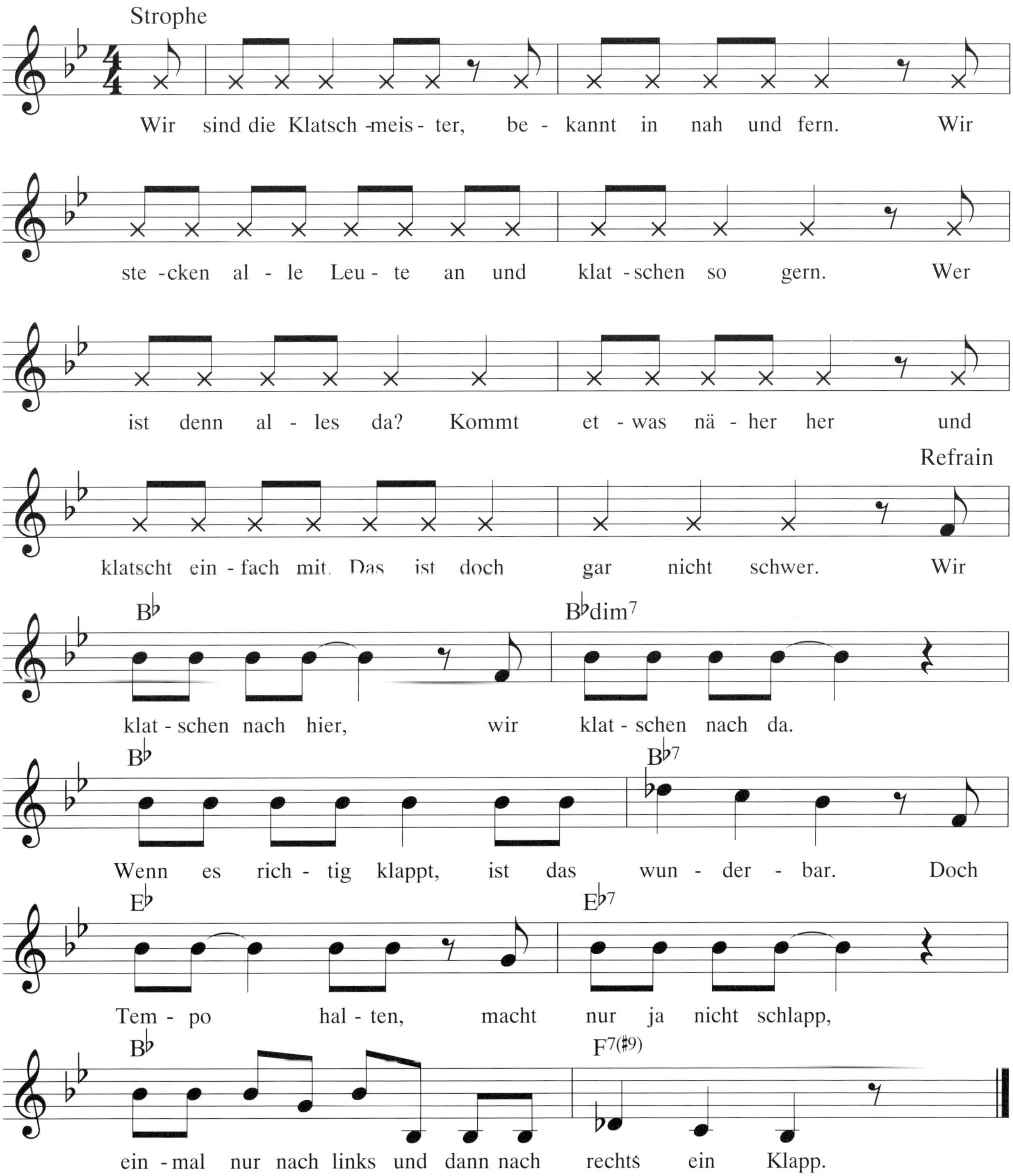

1. Wir sind die Klatschmeister,
bekannt in nah und fern.
Wir stecken alle Leute an
und klatschen so gern.
Wer ist denn alles da?
Kommt etwas näher her
und klatscht einfach mit.
Das ist doch gar nicht schwer.

Refrain:
Wir klatschen nach hier,
Wir klatschen nach da.
Wenn es richtig klappt,
ist das wunderbar.
Doch Tempo halten,
macht nur ja nicht schlapp,
einmal nur nach links,
und dann nach rechts ein Klapp.

2. Wir patschen auf den Po,
mal so und mal so.
Das macht uns vielleicht
jetzt ein bisschen froh.
Wir tippen auf den Boden
nur mit einer Hand.
Wer schafft das denn,
wer ist denn so gewandt?

Refrain

3. Dann klatschen wir tief,
direkt unterm Knie.
Den Rücken ganz krumm,
so geht das irgendwie.
Danach macht euch lang,
klatscht über dem Haar,
Wenn das richtig klappt,
dann ist das wunderbar.

Refrain

4. Eine Hand geht nach oben,
ihr werdet richtig wach.
Auch die andre Hand macht das
zur anderen Seite nach.
Hier und da die Hände hoch,
ihr springt noch alle mit.
Wir hüpfen zusammen,
das ist der große Hit.

Zwischenspiel

5. Jetzt kommt das Finale,
nur keine Müdigkeit,
ihr stellt euch gegenüber,
ihr klatscht jetzt zu zweit,
probiert's über Kreuz,
dann in die eigne Hand,
Mal sehn, ob das geht,
wir sind ja so gespannt.

Zwischenspiel

6. Und jetzt klatscht ihr so,
wie es euch beliebt.
Ihr macht's einfach so,
wie es sich ergibt.
Ihr klopft auf die Schulter
oder sacht auf den Bauch,
ja, hinter dem Rücken,
so klappt es auch.

Refrain (2x)

Spielanregung

Bei diesem HipHop-Stück kann die Betonung auf den Off-Beat gelegt werden, d. h. ein gegen den Taktschlag gerichtetes Klatschen. Im Refrain wird halb so schnell einmal zur einen und dann zur anderen Seite geklatscht. Po-Patschen und Bodenberühren können frei oder rhythmisch akzentuiert geschehen. Mit der Playback-CD (s. S. 123 f.) haben Sie die Möglichkeit, noch besser auf die jeweilige Situation einzugehen und Strophen wegzulassen oder einzelne Textteile zu wiederholen.

Familie Krause

Laufspiel
Alter: ab 3 Jahren

Jetzt **geht** Familie **Krau**se
ge**mein**sam aus dem **Hau**se.
Herr **Krause** geht mit **gro**ßem Schritt,
Frau **Krause** kommt nur **müh**sam mit.
Was **ma**chen Krauses **Kin**derlein?
Die **trip**peln lustig **hin**terdrein.
Die **Toch**ter ist am **Flit**zen
auf **ih**ren Zehen**spit**zen.
Der **Sohn** läuft wie ein **Ha**se,
fällt **manch**mal auf die **Na**se.
Das **Klein**ste ist ganz **mun**ter
und **krab**belt rauf und **run**ter.
Es **kommt** nach einer **Pau**se
der **Hund** noch aus dem **Hau**se.
Er **geht** auch gern spa**zie**ren
und **läuft** auf allen **Vie**ren.
Er **hebt** zum Pinkeln **gern** ein Bein
und **läuft** dann wieder **hin**terdrein.

Spielanregung

Alle Kinder bewegen sich im Kreis, zunächst wie Herr Krause mit großem Schritt. Frau Krause kommt anschließend mit kleinen Schritten. Die Kinder trippeln schnell. Dabei läuft die Tochter auf Zehenspitzen, und der Sohn fällt manchmal hin. Zum Schluss verwandeln sich die Kinder in Hunde, die auf allen Vieren laufen, kurz mal zum Pinkeln ein Bein heben und dann wieder, so schnell es geht, den anderen hinterherwetzen.

Schwuppdiwupp

Finger- oder Bewegungsspiel
Alter: ab 2 Jahren

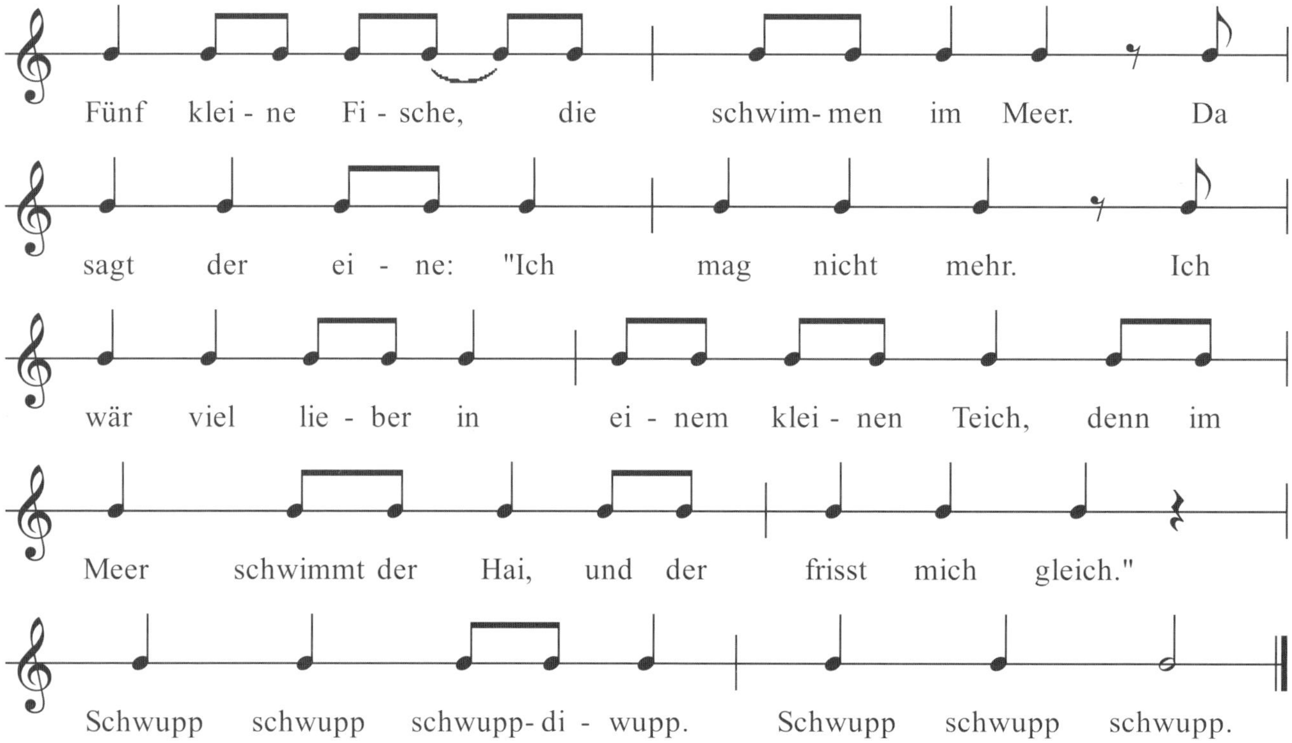

Fünf kleine **Fi**sche,
die **schwim**men im **Meer**.
Da **sagt** der **ei**ne:
„Ich **mag** nicht **mehr**.
Ich **wär** viel **lie**ber
in **ei**nem kleinen **Teich**,
denn im **Meer** schwimmt der **Hai**,
und der **frisst** mich **gleich**.“

Schwupp, schwupp, **schwupp**diwupp.
Schwupp, schwupp, **schwupp**.

Vier kleine **Fi**sche ...

Drei kleine **Fi**sche ...

Zwei kleine **Fi**sche ...

Ein kleiner **Fisch**,
der **schwimmt** im **Meer**.
Er **spricht** zu sich **selbst**:
Ich **mag** nicht **mehr** ...

Ein **groß**er **Hai**,
der **schwimmt** im **Meer**
und **sagt** zu sich **selbst**:
„Was **ist** mein Magen **schwer**.
Mir ist so schlecht,
ich **kann** nicht **mehr**.
Er **spuckt** alle **Fi**sche
aus so**gleich**,
und die **schwim**men **schnell**
zu **ih**rem **Teich**.

Spielanregung

Fünf Finger sind die Fische, die zunächst gemeinsam pantomimisch durchs Meer schwimmen. Ein Fisch als gestreckter Finger steigt aus. Anschließend wird der Teich mit beiden geschlossenen Armen und der Hai mit einem großen Maul dargestellt. Zum Refrain „Schwupp schwupp ..." schnappt der Hai mit seinem Maul nach den Fischen. Beim nächsten Durchgang erscheinen nur vier, dann drei usf., bis dann nur noch ein Fisch auftaucht. Die letzte Hai-Strophe kann auch langsam gesprochen werden. Zum Schluss sind alle fünf Finger wieder zu sehen. Die Kinder können das Stück frei oder aber auch – vielleicht unterstützt durch einen Trommelschlag – rhythmisch interpretieren.

Variante
Fünf Kinder spielen die Fische, die im Meer herumschwimmen. Ein Hai kommt angerannt. Wen er als ersten berührt, der muss ausscheiden. Der Fisch geht dann in die Hocke, und das Spiel beginnt mit den restlichen Fischen von vorne. Beim Schlussvers kommen alle Fische wieder in den Kreis.

Die Katze mit der leisen Tatze

Fangspiel
Alter: ab 3 Jahren
Material: Trommel

Die **Ka**tze mit der **lei**sen Tatze,
die sucht eine **Maus**.
Pass **auf**, liebe **Maus**,
sonst **ist** es mit dir **aus**.
Ver**schwin**de bloß,
Ver**schwin**de bloß,
und **renn** jetzt **los**.

Spielanregung

Alle *stehen* im Raum verteilt. Ein Kind spielt die Katze. Die anderen Kinder verwandeln sich in Mäuse. Zum Text wird rhythmisch eine Trommel geschlagen. Mit der letzten Silbe rennen alle los. Die Katze muss eine Maus fangen. Wird ein Kind abgeschlagen und damit gefangen, wird es zur neuen Katze. Ist die Aktion beendet, bleiben alle auf der Stelle stehen, und der Text wird erneut gesprochen.

Variante
Alle *laufen* rhythmisch zum Text durch den Raum (unterstützt durch einen Trommelschlag). Mit der letzten Silbe beginnt das Nachlaufen und Fangen.

Meine beiden Seiten ◉13

Lied zur Koordination
Alter: ab 6 Jahren

1. Eine Hand ist putzmunter
und die andre, ja, die schläft noch.
Eine Hand ist putzmunter,
die andre ist noch gar nicht wach.
Hey, Schlafmütze, aufstehn!
Ich muss dich jetzt mal wecken.
Hey, Schlafmütze aufstehn!
Ich mach mal großen Krach.

Refrain:
So verschieden sind meine Seiten:
eine lahm, die andre flott.
Rechts und links sind ganz verschieden,
einmal hüh und einmal hott.

2. Seht, ein Auge, ja das blinzelt
und das andre ist geschlossen.
Seht ein Auge, ja das blinzelt
und das andre zeigt sich nicht.
Auch ein Arm, der ist am Wackeln
und der andre ist ganz ruhig.
Schaut ein Arm, der ist am Wackeln
und der andre rührt sich nicht.

Refrain

3. Seht, ein Fuß, ja, der zappelt
und der andre ist ganz ruhig.
Seht, ein Fuß, ja, der zappelt
und der andre lässt sich Zeit.
Die Füße sollen laufen,
erstmal auf der Stelle.
Die Füße sollen laufen,
und das geht doch nur zu zweit.

Refrain

4. Erst, da wackelt eine Seite,
auch die andere wird munter.
Erst, da wackelt eine Seite
Beide sind in Fahrt gebracht.
Ja, dann dreh ich mich im Kreise,
klatsch über meinen Haaren.
Und dann dreh ich mich im Kreise.
Alles ist jetzt aufgewacht.

Schluss:
Sind verschieden auch meine Seiten,
eine lahm, die andre flott,
passen sie doch gut zusammen
einmal hüh und einmal hott.

Spielanregung

In der ersten Strophe bewegt sich zunächst nur eine Hand. Sie versucht, die andere zu wecken. Im zweiten Abschnitt haben Auge und Arm ihren Auftritt. In der dritten Strophe sind die Füße an der Reihe, die nun beide in Bewegung kommen. Zum Ende bewegt sich erst nur eine Seite, bis schließlich alle Körperteile aufgewacht sind. Aufpassen: dritte und vierte Strophe werden direkt hintereinander gesungen!

Zum Refrain können die Kinder:

- abwechselnd mit beiden Händen patschen
- wechselseitig schnipsen
- mit einer Hand patschen und mit der anderen schnipsen.

Dann wird das Lied wiederholt, und die Kinder bewegen die andere Körperseite, d. h. wenn vorher der rechte Arm die Schlafmütze war, ist es nun der linke, usw.

Verliebt, verlobt

Hüpfspiel
Kinder springen gern mit dem Seil (neuerdings auch „rope skipping“ genannt) und sprechen dabei rhythmische Verse. Die folgenden drei Verse habe ich von Kindern gelernt.
Alter: ab 6 Jahren

Vorzählen:
Eins, zwei, drei,

Ver**liebt**,
ver**lobt**,
ver**hei**ratet,
ge**schie**den,
wie viele **Kin**der **wirst** du **krie**gen?

Eins, zwei, drei, vier ...

Spielanregung

Zwei Kinder oder Erwachsene schlagen das Seil und sprechen den Text. Es wird zunächst vorgezählt: eins, zwei, drei. Dann springt ein Kind auf der ersten betonten Silbe (liebt) rein. Das Sprechtempo passt sich dem Bewegungsrhythmus an. Am Ende wird jeder volle Seilschwung als Anzahl der Kinder gezählt. Das Seil kann dabei langsam oder schneller gedreht werden.
Es gibt zwei verschiedene Möglichkeiten zu hüpfen: Doppelsprung, d. h. in der Zeit, wo das Seil in der Luft ist, zweimal schnell hüpfen, oder einfacher und damit langer und hoher Sprung. Am besten die Variante ausprobieren, bei der die Kinder die höchsten Punktzahlen erreichen. Wer schafft die meisten Seilsprünge?

Schiffchen, Schiffchen

Vers zum Springseilhüpfen
Alter: ab 6 Jahren

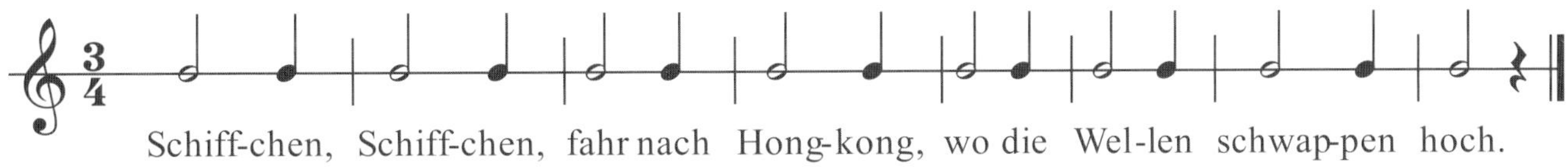

Schiffchen, **Schiff**chen,
fahr nach **Hong**kong,
wo die **Wel**len **schwap**pen **hoch**.

Eins, zwei, drei ... *(Seilspringen)*

Spielanregung

Erst bewegt sich das Seil nur hin und her (die Wellen), dann beginnt bei „hoch“ die volle Drehung über den Kopf. Danach wird wieder gezählt.

Teddybär, dreh dich um

Traditioneller Hüpfvers
Alter: ab 6 Jahren

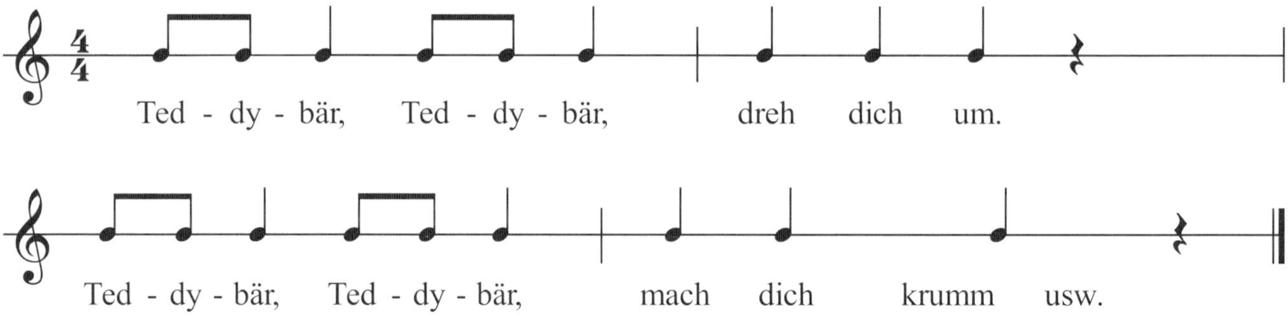

Teddybär, **Ted**dybär,
dreh dich **um**.
Teddybär, **Ted**dybär,
mach dich **krumm**.
Teddybär, **Ted**dybär,
zeig den **Fuß**,
Teddybär, **Ted**dybär,
mach nen **Gruß**.
Teddybär, **Ted**dybär,
bau ein **Haus**,
Teddybär, **Ted**dybär,
fang ne **Maus**.
Teddybär, **Ted**dybär,
lauf nach **Haus**.
Teddybär, **Ted**dybär,
spring he**raus**.
Teddybär, **Ted**dybär,
ruh dich **aus**.

Spielanregung

Am besten wird erst einmal nur das Hüpfen geübt. Die Kinder versuchen im Takt ein Seil zu schlagen. Dann erst wird dazu der Vers rhythmisch gesprochen. Der Vers kann auch auf die „Backe-Backe-Kuchen-Melodie“ gesungen werden.

Variante
Zum Lied wird ein Tamburin oder eine Trommel geschlagen, jeweils auf den ersten Schlag eines Taktes. Bei „dreh dich um“ muss das Seil hüpfende Kind sich um 180 Grad drehen, bei „mach dich krumm“ in die Hocke gehen, dann auf einem Bein hüpfen, mit den Händen und Armen pantomimisch ein Haus darstellen, dann mit zwei Fingern eine kleine Maus zeigen, aus dem Seil laufen und zuletzt zur Ruhe kommen.

Annegret Frank

Es war einmal ein Pinguin

Bewegungsspiel mit Zeitungsblättern
Alter: ab 4 Jahren
Material: Zeitungen, Wäscheklammern

Dieses Stück fördert die Körperwahrnehmung.

Es war einmal ein Pinguin,
der hatte Unsinn nur im Sinn.
Er watschelte so hin und her,
das Watscheln fiel ihm gar nicht schwer.

Es war einmal ein Pinguin,
der hatte Unsinn nur im Sinn.
Er kletterte auf einen Stein
und sprang herab dann ganz allein.

Es war einmal ein Pinguin,
der hatte Unsinn nur im Sinn.
Er tanzte mitten in der Nacht
mit seinem Freund, weil's Freude macht.

Es war einmal ein Pinguin,
der hatte Unsinn nur im Sinn.
Er sprang mit einem lauten Platsch
in einen großen Haufen Matsch.

Da suhlte er sich wie ein Schwein
und konnte endlich glücklich sein.

Spielanregung

Ein Kind (oder auch mehrere) wird als Pinguin verkleidet. Große Zeitungspapierblätter werden um den Pinguin herum mit Wäscheklammern festgemacht, bis von dem Kind selbst – außer den Augen – nichts mehr zu sehen ist.
Der „Pinguin" watschelt dann vorsichtig mit kleinen Schritten in seinem Kostüm umher. Dabei muss er aufpassen, dass sein Fell nicht kaputt geht. Die entsprechenden Bewegungen werden beim Aufsagen des Gedichtes ausgeführt:

- im Kreis herumwatscheln
- auf einen Stuhl oder Kasten klettern
- ein anderes Kind hinzuholen und mit ihm tanzen
- einen großen Schlusssprung machen, sich auf die Erde auf den Rücken legen und herumdrehen und zappeln, bis die Verkleidung abgestreift ist.

Die superlange Riesenschlange ⊙ 14

Polonäse

Alter: ab 3 Jahren – Kopf: älteres Kind oder Erwachsener

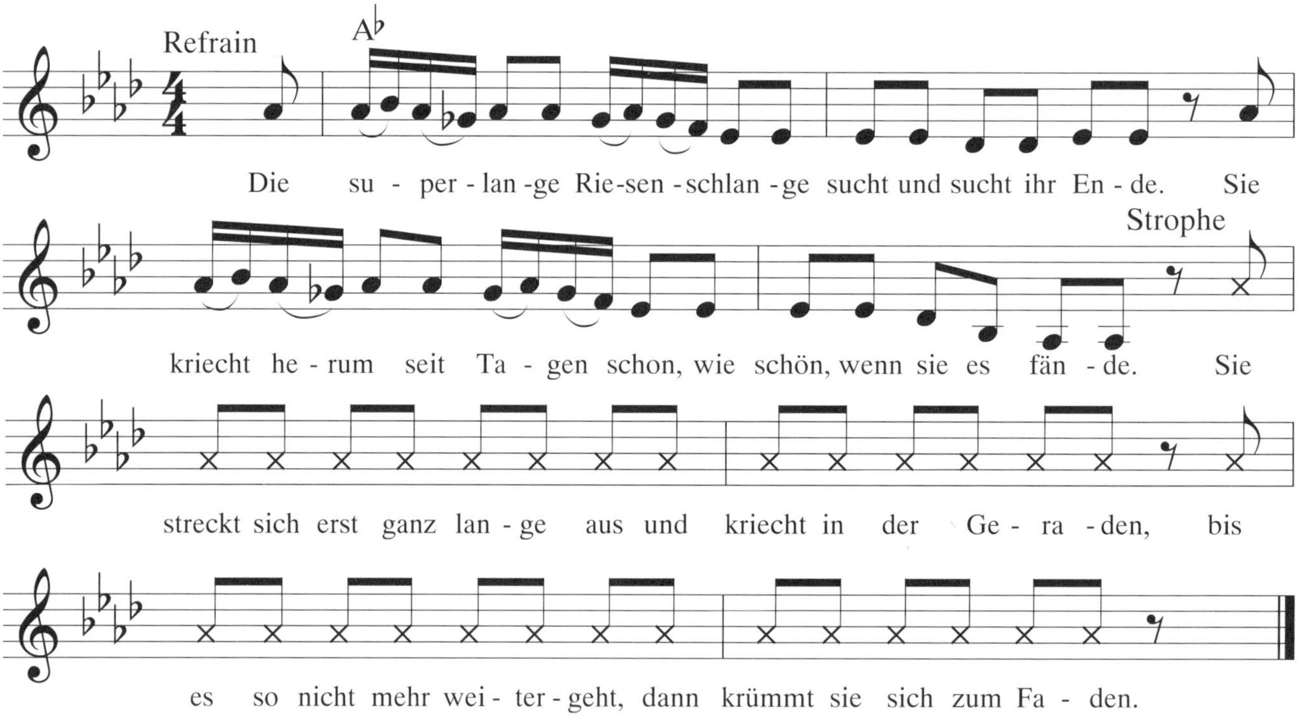

Refrain: Die superlange Riesenschlange
sucht und sucht ihr Ende.
Sie kriecht herum seit Tagen schon,
wie schön, wenn sie es fände.

1. Sie streckt sich erst ganz lange aus,
und kriecht in der Geraden,
bis es so nicht mehr weitergeht,
dann krümmt sie sich zum Faden.

2. Der Kopf geht hoch und wieder tief,
beharrlich auf und nieder.
Wo ist denn nur mein letztes Stück?
Wie treff ich es nur wieder?

3. Dann schiebt die Schlange sich voran,
wie eine Drehspirale.
Sie rollt sich jetzt – es wird ganz eng –
nach innen viele Male.

4. Sie dreht um hundertachtzig Grad
sich dann und kriecht nach außen.
Wie kommt der Kopf hier wieder raus?
Wo bitte geht's nach draußen?

Refrain

5. Dann schlängelt sie sich hin und her
und läuft jetzt durchs Gelände.
Im Zickzack-Kurs geht es voran.
Wo bitte ist das Ende?

Refrain

6. Es schleicht die Riesenschlange dann
auf einem großen Kreise
und findet nur kein Hinterteil,
selbst nicht auf diese Weise.

Refrain

7. Die Schlange fängt dann schließlich an,
vom Suchen zu ermüden.
Da trifft sie doch das Hinterteil,
da ist der Kopf zufrieden.

Schluss: Die superlange Riesenschlange
hat jetzt doch ihr Ende.
Sie sucht sich einen Ruheplatz
ganz glücklich im Gelände.

Spielanregung

Bei der Polonäse zum Abschluss einer Bewegungsstunde oder eines Kinderfestes halten sich alle an den Händen oder an den Schultern. Den Kopf sollte ein Größerer spielen, der sich die Aufgaben räumlich vorstellen kann. Die Schlange kriecht durch den Raum oder im Freien herum und führt alle Anweisungen aus. Nicht ganz einfach ist die Spirale in der dritten Strophe: zunächst nach innen eindrehen und dann mit einer Kehrtwende von 180 Grad im vierten Abschnitt wieder nach außen wandern. Die Spitze muss sich den Platz sehr genau einteilen, denn erst am Schluss sollen sich Kopf und Hinterteil begegnen.

Bunte Kleider

Kreisspiel mit Farben
Alter: ab 3 Jahren

Wir **ha**ben bunte **Klei**der an
und **die** sind **schön**.
Und **wer** jetzt (blaue **Ho**sen) hat,
soll **in** die Mitte **gehn**.

Blau, blau, **blau**, blau,
soll sich **dre**hen,
blau, blau, **blau**,
mit einem **Af**fen**zahn**.
Blau, blau, **blau**, blau,
soll sich **dre**hen.
Blau, blau, **blau**,
und **du** bis **dran**.

Spielanregung

Alle fassen sich an den Händen und drehen sich zum ersten Abschnitt „Wir haben bunte Kleider an ..." im Kreis herum. Dann wird ein Kleidungsstück, z. B. „Hosen", vom Spielleiter mit einer Farbe benannt und der Vers ab der fünfte Zeile gesprochen. Möglich dabei sind ein- oder zweisilbige Farbbenennungen (z. B. „rot" oder „lila"), sonst wird es rhythmisch zu schwierig. Alle, auf die dieses Merkmal zutrifft, treten in die Mitte und drehen sich auf der Stelle herum.
Wenn sich nur ein Kind innerhalb des Kreises befindet, ist klar, wer als nächstes das neue Kleidungsstück aussuchen muss. Ansonsten bestimmt das Kind, das zuletzt dran war, aus der Gruppe der drehenden Kinder mit der Schlusszeile „und du bist dran", die neue Person, die in der folgenden Runde Kleidungsstück und dessen Farbe aussuchen darf.

Variante
Bei kleineren Kindern wird das Kleidungsstück zweimal genannt: „Wier haben (rote Pullis) an, und die sind schön. Und wer jetzt (rote Pullis) hat, soll in die Mitte gehn."

Damm damm dero

Klatschspiel
Alter: ab 6 Jahren

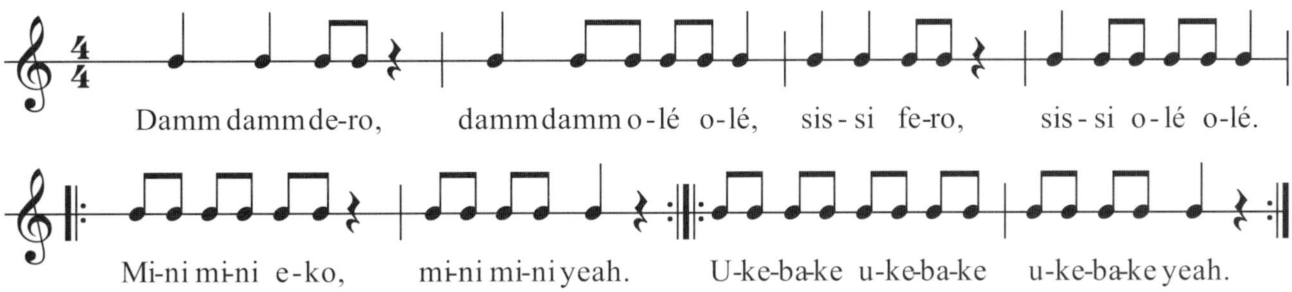

Damm damm **de**ro,
damm damm ol**é** olé,
sissi **fe**ro,
sissi, ol**é** olé,
Mini mini **e**ko,
mini mini **yeah**.
Mini mini **e**ko,
mini mini **yeah**.
Ukebake **u**kebake **u**kebake **yeah**.
Ukebake **u**kebake **u**kebake **yeah**.

Spielanregung

Dieses Klatschspiel habe ich von zwei Mädchen aus einer Grundschule in Kriftel bei Frankfurt gelernt. Das Stück ist mit seinen Bewegungsanregungen etwas ungewöhnlich. Üblich ist bei Klatschspielen meist das Überkreuzklatschen. Hier gibt es mehr Abwechslung.
Beide Kinder stehen sich gegenüber.

1. Eine Hand ist offen, die gegenüber positionierte Hand des Partner klatscht zweimal darauf. Auf der anderen Seite wird die umgekehrte Bewegung gleichzeitig ausgeführt.
   Die Hände klatschen also einmal von oben nach unten und zum anderen von unten nach oben und jeweils doppelt zusammen.
2. Bei „olé" deutet erst ein Daumen über die Schultern nach hinten, Betonung auf der zweiten Silbe. Beim zweiten „olé" führt der andere Daumen diese Bewegung aus.
3. Bei „Mini" kreuzen sich die Finger beider Spieler. Es wird erst mit den Außenflächen und dann mit den Innenflächen der Hände jeweils zweimal gegeneinander „gedrückt". Bei „yeah" gehen beide Daumen gleichzeitig hinter den Rücken. Dieser Teil wird wiederholt.
4. Bei „Ukebake" klatschen beide Partner, jeder für sich, auf die erste Silbe (d. h. dreimal). Bei der letzten Silbe „yeah" gehen wieder beide Daumen nach hinten über die Schultern.

Empompi

Klatschspiel mit Taktwechsel
Alter: ab 6 Jahren

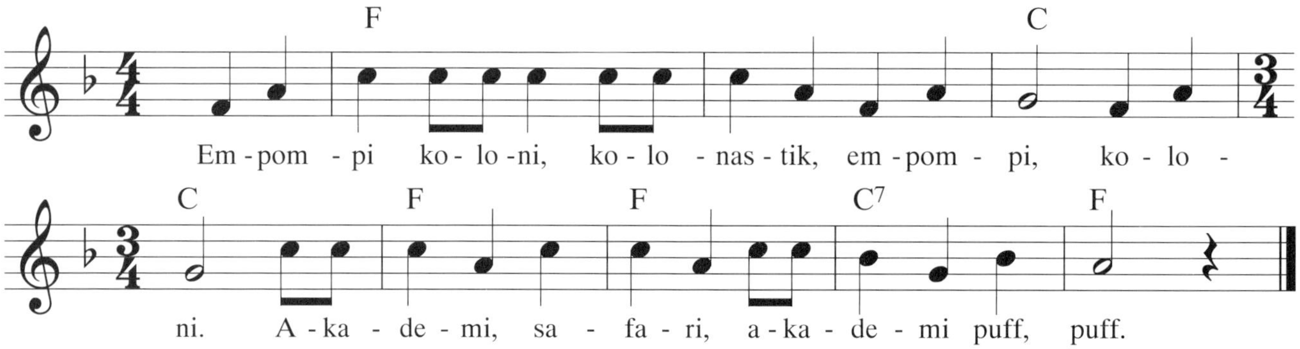

Empompi kolonie, kolonastik
empompi koloni.
Akademi, safari,
akademi puff, puff.

Spielanregung

Der Klassiker zeichnet sich dadurch aus, dass das Stück einen Taktwechsel beinhaltet. Teilweise werden in anderen Versionen ähnliche Silben gesprochen. Ich stelle drei Spielvarianten vor:

1. Klatschspiel mit Taktwechsel
Beide Kinder stehen sich gegenüber und klatschen den Überkreuz-Grundschlag: Erst in die eigenen Hände, dann über Kreuz beide rechten Hände gegeneinander, noch mal in die eigenen Hände und dann die linken Hände zusammen. Dieser Vierer-Rhythmus wird im zweiten Teil, wo der Text eine Dreier-Betonung hat, weitergeführt. Es gibt also eine rhythmische Verschiebung zwischen Text und Bewegung.

2. Ausscheidungsspiel
Die Kinder stehen im Kreis und geben einen Impuls im Taktschlag reihum. Jeder hält seine rechte Hand mit der Innenseite nach oben. Das Kind, das an der Reihe ist, erhält zunächst einen Klaps auf die rechte Hand. Dann gibt es selbst einen Schlag an den Nachbarn zur linken Seite weiter. Die letzte Silbe „puff" ist das entscheidende Signal für die beiden Kinder, die dann dran sind. Wer auf diese Silbe einen Klaps weitergeben will, muss versuchen, die Hand des Nachbarn zu erwischen. Dieser versucht, die Hand wegzuziehen. Wem das nicht gelingt, der muss ausscheiden.

3. Daumen-Kreisspiel
Alle stehen im Kreis, eng nach innen gewandt, und ein Kind beginnt, mit der Faust im Kreis abzuzählen. Am Schluss kommt noch eine Zeile hinzu: „und der Daumen oben druff". Dabei umschließt die Faust jeweils einen Daumen des Mitspielers. Es wandern nun zwei aneinander hängende Daumen im Kreis herum. Nach jeder Runde kommt ein Daumen hinzu. Auch die zweite Hand wird dann einbezogen. Wer als letzter im Außenkreis mit einer freien Hand übrig bleibt, hat gewonnen.

Hopsasa, die Gasse lang

Partner-Hüpfspiel
Alter: ab 3 Jahren

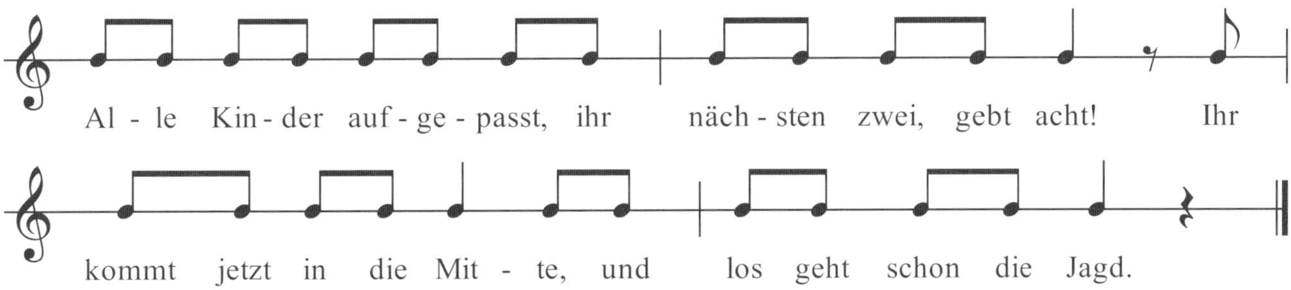

Alle Kinder **auf**gepasst,
ihr **näch**sten zwei, gebt **acht**!
Ihr **kommt** jetzt in die **Mit**te
und **los** geht schon die **Jagd**.

Hopsasa, die **Gas**se lang,
ihr **hüpft** zu zweit ein **Stück**.
Hopsasa, die **Gas**se lang
und **jetzt** wieder zu**rück**.

Hopsasa, die **Gas**se lang,
Er**neut** von vorn so**dann**.
Hopsasa, die **Gas**se lang
und **stellt** euch hinten **an**.

Spielanregung

Für das Hüpfspiel ist ein großer Raum, eine Wiese oder ein Schulhof geeignet. Zwei Reihen stehen sich paarweise gegenüber. Zum ersten gesprochenen Vierzeiler tritt ein Paar nach vorne. Die Partner fassen sich an den Händen. Eine Trommel kann die Rhythmik unterstützen.
Alle klatschen im Rhythmus von zwei Achteln und einem Viertel zum zweiten Teil (wenn das zu schwierig ist, einfach durchklatschen). Das Paar hüpft dazu im Seitgalopp durch die Gasse, einmal hin, wieder zurück und dann noch einmal hin. Am Ende schließt es sich hinten wieder an. Dann tritt das nächste Paar in die Mitte, solange, bis alle dran waren.

Der Schlüsselkönig

Reaktionsspiel
Alter: ab 4 Jahren
Material: Stühle, Schlüssel

Ich **bin** der **Schlüs**sel**kö**nig
und **klap**per den **gan**zen **Tag**.
Ich **lass** den **Schlüs**sel **fal**len,
wenn **ich** es **ger**ne **mag**.

Spielanregung

Eine Reihe Stühle – einer weniger als Kinder – wird aufgestellt. Ein Kind spielt mit einem Schlüsselbund den „Schlüsselkönig". Er steht auf der anderen Seite des Raumes und sagt den Vers, wobei die Schlüssel rhythmisch bewegt werden. Beginnt das Spiel, bewegen sich die Kinder – von der Stuhlseite weg – als Untertanen vorwärts in Richtung ihres Königs. Auch wenn das Aufsagen vorbei ist, kann er den Schlüsselbund noch eine Weile rasseln lassen. Alle müssen sich beim Klappern vorwärts bewegen. Dann wird der Schlüsselbund fallengelassen. Die Kinder drehen sich um und versuchen nun, einen Platz zu bekommen. Wer keinen Platz bekommt, ist der neue Schlüsselkönig. Wer zum zweiten oder dritten Mal diese Rolle bekommt, der scheidet aus. Dann muss ein Stuhl entfernt werden.

Variante
Die spannendere Fassung: Wie bei der „Reise nach Jerusalem" wird bei jeder Runde immer ein Stuhl weggenommen, und das übrig gebliebene Kind scheidet aus. Wer als erster einen Platz erreicht, wird zum „Schlüsselkönig" der nächsten Runde, oder dieser wird von der Spielleitung bestimmt. Eine weitere Möglichkeit besteht darin, dass das ausscheidende Kind erst noch einmal den Schlüsselkönig spielen darf, bevor es die Spielgruppe verlässt.

Hippeldihopp ⊙ 15

Bewegungslied mit Seilen
Alter: ab 4 Jahren

1. **Auf** der großen **Wie**se
stehn **vie**le Pferde **rum**.
Sie **wie**hern und sie **schaun** sich
nach **al**len Seiten **um**.
Sie **schar**ren mit den **Hu**fen,
mit **ei**nem Vorder**bein**
und **la**den alle **Rei**ter
zu **ei**nem Ausritt **ein**.

2. Da **kom**men schon die **Rei**ter
mit **al**lem Drum und **Dran**
und **sat**teln jetzt die **Tie**re
und **le**gen Zügel **an**.
Sie **stei**gen auf die **Pfer**de,
dann **kommt** ein kleiner **Stoß**,
schon **lau**fen Ross und **Rei**ter
erst **mal** ganz langsam **los**.

Refrain:
Hippeldi**hopp**
hippeldi**hipp**
hippeldi**hip**peldi**hopp**.
Trippeldi**tropp**
trippeldi**tripp**
trippeldi**trip**peldi**tropp**.

3. Der **Weg** hat viele **Kur**ven,
mal **links**, mal rechts ent**lang**.
Ge**müt**lich gehn die **Pfer**de
ganz **ru**hig ihren **Gang**.
Dann **steigt** der Weg nach **o**ben
den **Hü**gel jetzt hi**nauf**.
Da**nach** ins Tal hi**nun**ter,
und **al**le passen **auf**.

Refrain

4. Es **geht** jetzt bei dem **Aus**ritt
noch **et**was schneller **ab**,
mit **lang**en, geraden **Schrit**ten,
so **wech**seln sie zum **Trab**.
Die **Pfer**de laufen **flot**ter,
es **glänzt** schon leicht das **Fell**.
Sie **fan**gen an zu **schwit**zen
und **tra**ben ganz schön **schnell**.

Zwischenspiel

5. Dann **blei**ben alle **ste**hen.
Sie **ma**chen einen **Stopp**.
Und nach einer **Pau**se
kommt jetzt der Ga**lopp**.
Es **flit**zen nun die **Pfer**de,
nichts **gibt's** mehr, was sie **hält**,
und **al**le Reiter **pas**sen auf,
dass **nie**mand runter**fällt**.

Refrain

6. Da **steht** im Weg ein **Baum**stamm,
den **schaf**fen wir ge**wiss**.
Jetzt **kommt** der Sprung, das **war** doch
ein **klei**nes Hinder**nis**.
So **ga**loppiert die **Her**de
am **En**de dann nach **Haus**.
Die **Rei**ter steigen **ab** und
klopfen **ih**re Pferde **aus**.

Refrain (4x)

Spielanregung

Die Kinder bilden Paare, zusammengesetzt aus einem Pferd und einem Reiter. Wenn möglich, werden dem Pferd Zügel (ein Seil) angelegt. Ein Pferd kann gehen, traben und galoppieren. Diese drei Gangarten kommen auch im Stück vor. Die Kinder überlegen, wie sie das Stück in Szene setzen und die Bewegungsvorgaben ausführen.

Kapitel 7

Zum Weiterreden und zum Abschied

Klaus W. Hoffmann

Der Fernsehnachmittag

Bewegungsgeschichte zu Stichwörtern
Alter: ab 4 Jahren

Ein Paar Schuhe, eine Zahnbürste und ein Kamm schauten sich im Fernsehen das Nachmittagsprogramm an. Einer der beiden Schuhe drückte mit dem Absatz auf die Fernbedienung. Endlich hatte er ein Programm gefunden, das ihn begeisterte: „Ein Fußballspiel: Borussia Dortmund gegen Bayern München." Die Schuhe starrten fasziniert auf die vielen Fußballschuhe. Und wenn dann einer von denen gegen den Ball trat, machten sie vor Freude einen Luftsprung.
Zahnbürste und Kamm langweilten sich. Der Kamm meinte, es wäre doch viel schöner, wenn die Fußballspieler sich zwischendurch mal kämmten. Das tat aber niemand. Die Zahnbürste wartete nur darauf, dass sich die Fußballer auf dem Platz mal die Zähne putzten. Aber das taten sie auch nicht. Zahnbürste und Kamm nörgelten so lange, bis die Schuhe ein anderes Programm suchten.
Im Ersten lief die Serie „Happy Holiday". Christine putzte sich die Zähne und Olli versuchte, dabei mit ihr zu schmusen. Danach sahen beide ganz schön beschmiert aus. „Das gefällt mir", rief die Zahnbürste begeistert. „Blöder Film", meinte der Kamm gelangweilt, „wenn sie sich wenigsten kämmen würden ..."
Die Schuhe suchten ein neues Programm. Auf Sat1 lief Werbung für ein neues Mittel gegen Schuppen. Ein Mann kämmte sich, dass die Schuppen nur so rieselten.
Der Kamm war begeistert. Aber nun langweilten sich die Schuhe und die Zahnbürste. Dann kam ein Werbespot der fröhlichen Säufer, die einen Schnaps nach dem anderen kippten. Das gefiel weder den Schuhen noch der Zahnbürste noch dem Kamm. Einer der Schuhe drückte wieder die Fernbedienung. Endlich hatte er ein Programm gefunden, das allen gefiel, einen Krimi: Ein Kaufhausdetektiv erwischte gerade einen Dieb und durchsuchte seine Umhängetasche. Es stellte sich heraus, dass der Dieb ein Paar Schuhe, eine Zahnbürste und einen Kamm gestohlen hatte. So erlebten die Schuhe, die Zahnbürste und der Kamm zusammen doch noch einen unterhaltsamen Fernsehnachmittag.

Spielanregung

Bei „Schuhe", „Zahnbürste" und „Kamm" machen alle die entsprechenden Bewegungen:
1. Bei „Schuhe" laufen alle auf der Stelle,
2. bei „Zahnbürste" machen die Kinder eine Zahnputzbewegung und
3. bei „Kamm" fahren sie sich durch die Haare.

Dein Rücken ist ein weißes Blatt

Partnerspiel
Dieses Stück fördert die Wahrnehmung.
Alter: ab 5 Jahren

Dein Rücken ist ein weißes Blatt.
Ich schreib dir etwas drauf.
Ich male nur ein Bild für dich,
und du passt richtig auf.

Ich stell mir vor ein großes Haus
mit Fenstern drin zuhauf
und einem riesengroßen Dach
mit einem Schornstein drauf.

Ich zeichne einen Baum dazu,
sind viele Blätter dran.
Da sitzt ein kleiner Vogel auch,
der fängt zu zwitschern an.

Du stehst und winkst mir heftig zu
von deinem Hausbalkon.
Da oben fliegt ein Flugzeug rum
und saust ganz schnell davon.

Ich mal dir was Verrücktes jetzt
einfach aus Herzenslust.
Du passt gut auf, weil du es dann
am Schluss erraten musst.

Spielanregung

Die Kinder bilden Paare und legen fest, wer Bild (der Rücken) und wer Maler mit Pinsel (der Zeigefinger) ist. Dann wird der Text von der Gruppenleitung gesprochen, und die Kinder fangen an, auf den Rücken ihrer Partner zu malen. Nach der letzten Strophen erfinden die Maler eine Ergänzung zum bisherigen Bild und denken sich eine zusätzliche Zeichnung aus. Das „Bild" muss den Gegenstand oder die Person erraten. Anschließend werden die Rollen getauscht.

Warum der Mond immer dünner wird

Bewegungsgeschichte
Nach einem Märchen aus Australien.
Alter: ab 5 Jahren

Vor langer Zeit gab es ein Land, in dem die Monde lebten – eine Menge großer, runder, rollender Monde. Das Land war grün, und die Monde waren den ganzen Tag dabei herumzurollen.
Eines Nachts rollte ein Mond sehr schnell einen Berg hinunter, viel zu schnell, und auf der anderen Seite wieder hoch. Er war so flott unterwegs, dass er bis in den Himmel flog. Auf der anderen Seite des Himmels lebte ein Riese. Er hatte eine große, scharfe Schere. Als der Mond so daherkam, nahm der Riese die Schere und schnitt eine kleine Scheibe vom Mond ab. Er nahm das Stück, zerbrach es in viele winzig kleine Teilchen und warf sie in den Himmel. Das glitzerte wie leuchtendes Konfetti, und der Riese hatte seine Freude daran. Er gab ihnen den Namen: die Sterne. Der Mond kam durch seinen Schwung jede Nacht über den Himmel zurück, und der Riese wartete jedes Mal mit seiner Schere. Er schnitt wieder eine kleine Scheibe ab und warf die kleinen Stückchen als neue Sterne in den Himmel. Mit jedem Ausflug wurde der Mond kleiner. Schließlich musste auch der letzte Rest daran glauben. Von dem Mond war nichts mehr zu sehen.
Da purzelte in einer späteren Nacht ein weiterer übermütiger Mond über den Himmel. Der Riese wartete wieder mit seiner großen Schere und schnitt wiederum eine kleine Scheibe ab. Auch von diesem Mond war bald nichts mehr übrig. Das wiederholte sich auch mit anderen Monden. Und darum gibt es so viele Sterne am Himmel, denn Nacht für Nacht wird der Mond dünner und dünner und dünner, bis von dem guten runden Stück nichts mehr übrigbleibt.
Ein anderer Riese, der nebenbei ein großartiger Weltraumzauberer war, hatte Mitleid mit den Monden und beschloss, den verschwundenen Monden Nacht für Nacht ein neues Stückchen dran zu zaubern. Jeden Tag kommt ein kleines Etwas hinzu. Aber das ist eine ganz andere Geschichte.

Spielanregung

Mit beiden flachen Händen oder durch eine runde Pappscheibe wird der Mond dargestellt. Der Riese hat dicke Muskeln. Er greift nach dem Mond und schneidet mit seiner Schere (zwei Finger) eine Scheibe ab. Dann wirft er die Sterne in die Luft. Wenn der Mond dünner wird, verschwindet jeweils ein Finger. Am Schluss können die Kinder mit dem zunehmenden Mond die Geschichte selbst fortführen und die Bewegungen in umgekehrter Reihenfolge ausführen.

Der König und die Königin

Fingerspiel
Alter: ab 3 Jahren

Der König und die Königin,
die sind ein schönes Paar.
Sie küssen und sie lieben sich
die meiste Zeit im Jahr.
Oft arbeitet der König viel
und hat gar keine Zeit.
Der Königin gefällt das nicht,
und sie bekommen Streit.
Der König sagt: „Ich hab zu tun
bis heute nacht um zehn."

Die Königin sagt: „Lass uns mal
im Park spazieren gehn."
Der König sagt: „Ich muss regiern!"
Fast fängt er an zu schrein.
Da schließt die schöne Königin
sich in ihr Zimmer ein.
So geht das zwei, drei Tage lang,
dann tut's dem König Leid.
Er lässt die Arbeit Arbeit sein.
und hat auf einmal Zeit.

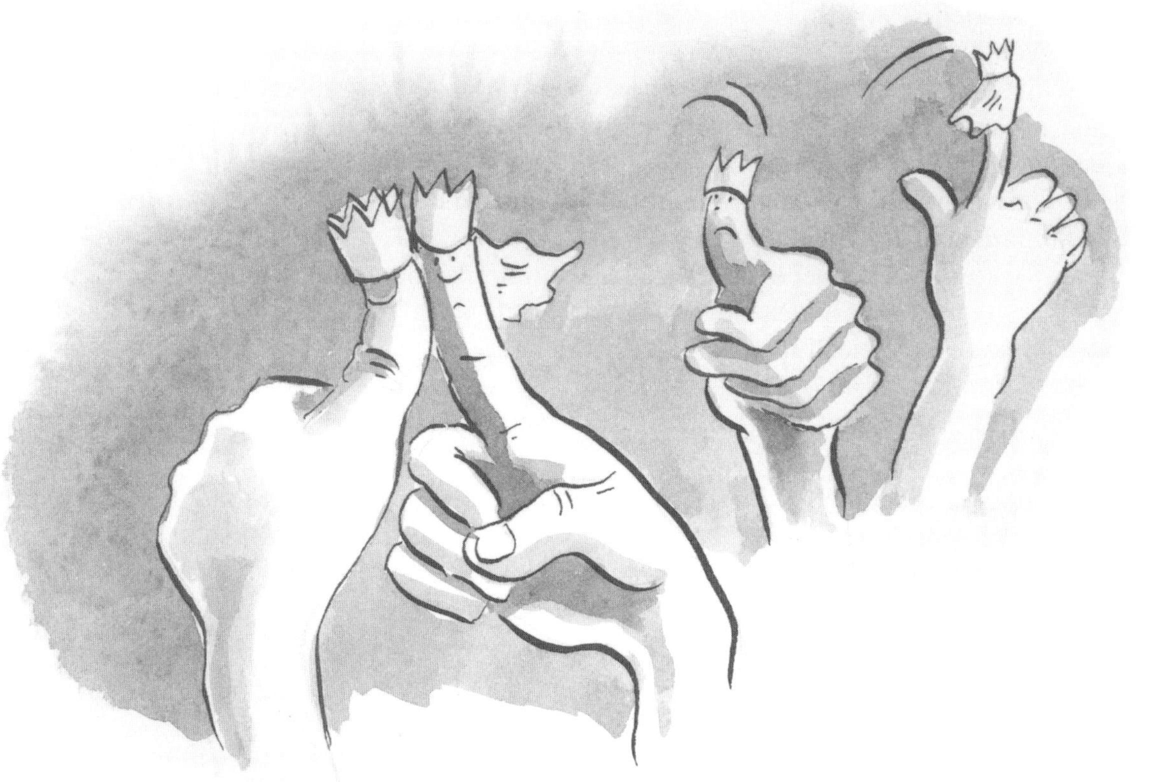

Spielanregung

Der Daumen ist der König und der Zeigefinger der anderen Hand die Königin. Sie können auch mit den Kindern zwei Fingerpuppen basteln, die auf die Finger gesteckt werden.
Nehmen Sie das Stück zum Anlass, über Frauen- und Männerrolle ins Gespräch zu kommen. Die Kinder haben bestimmt Vorstellungen darüber, was Mädchen oder Jungen tun oder lassen sollten. Vielleicht fallen den Kindern Vorschläge ein, wie sich der König mehr Zeit für seine Familie nehmen könnte.

Das rhythmische Alphabet

Buchstabenspiel
Alter: ab 6 Jahren
Material: Pappe, Stifte, Scheren; evtl. Trommel

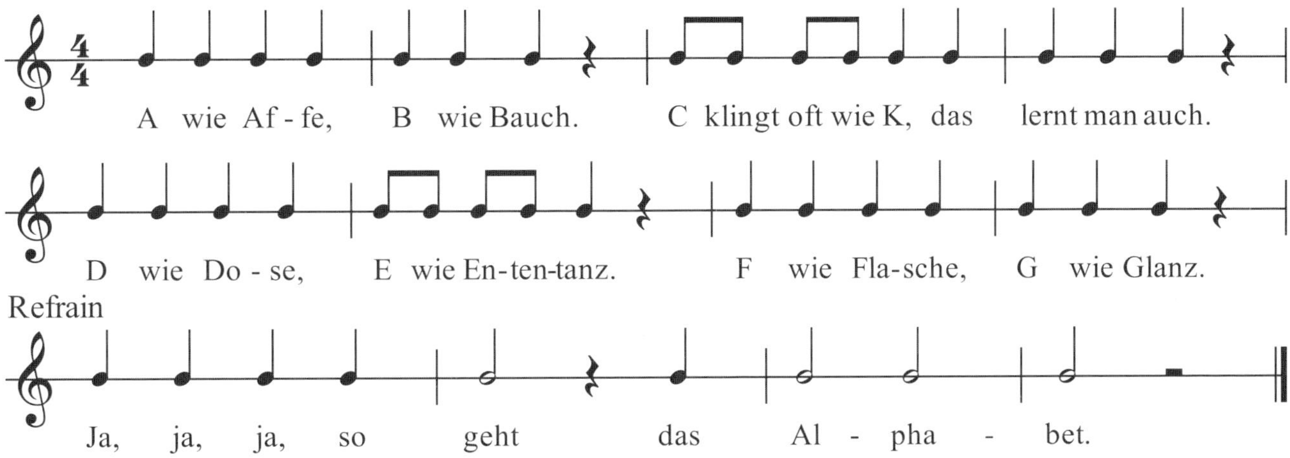

A wie Affe,
B wie Bauch.
C klingt oft wie K,
das lernt man auch.

D wie Dosc,
E wie Ententanz.
F wie Flasche,
G wie Glanz.

Refrain:
Ja, ja, ja, so geht
das Alphabet.

H wie Hose,
I wie „in“
J wie Jojo
K wie Kinn.

L wie Löwe,
M wie ein Motor.
N wie Note,
O wie Ohr.

Refrain

P wie pusten,
Q wie Qual.
R wie eine Rose,
S wie Saal.

T wie Tiger,
U wie und.
V wie Vogel,
W wie wund.

Refrain

Ä, Ö, Ü
und Eu und Ei
sind auch beim
Wortsalat dabei.

X wie in Hexe,
noch das Ypsilon.
Z wie Ziege,
das war's auch schon.

Spielanregung

Bei diesem Stück werden die Buchstaben weitgehend lautiert (das „C“ voll aussprechen, weil es verschieden klingen kann). Möglichkeiten für die Darstellung:

1. Jedes Kind bekommt einen oder mehrere Papp-Buchstaben zugeteilt und tritt an der entsprechenden Stelle auf.
2. Alle laufen zu Trommelschlag mit Buchstaben durch die Gegend. Jeweils ein Buchstabe bleibt an der entsprechenden Stelle stehen. Dabei sagt das Kind den entsprechenden Vers.
3. Der Text wird als Rap rhythmisch gesprochen. Alle stampfen (zum Beat) und klatschen (bei „und“, d. h. dem Off-Beat) abwechselnd dazu: 1 und 2 und 3 und 4 und 1 usw.

Wer hat den schönsten Schuh

Kreisspiel
Alter: ab 3 Jahren

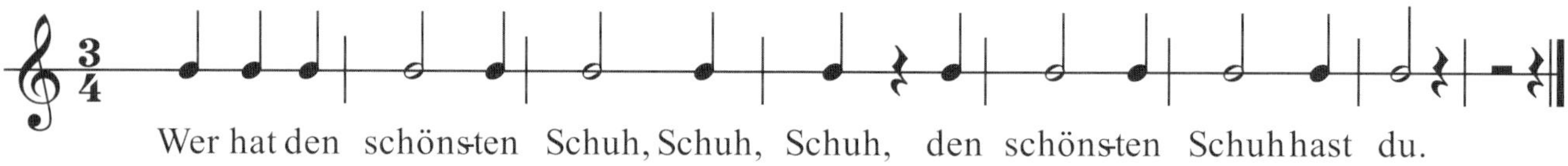

Wer hat den **schöns**ten **Schuh**, Schuh, **Schuh**,
den **schöns**ten **Schuh** hast **du**.

Spielanregung

Das Spiel ist gut für eine Schlussrunde geeignet. Alle sitzen im Stuhlkreis. Der Vers wird gemeinsam gesprochen und zwar im Dreier- (wie abgebildet) oder im Zweierrhythmus, d. h. zu einem Trommelschlag entweder bis zwei oder bis drei zählen und entsprechend die Silben verteilen. Auf jeden Impuls zählt ein Kind oder der Spielleiter in der Mitte, wie bei einem Abzählvers, der Reihe nach ab. Bei der letzten Silbe (du), muss das Kind, das dran ist, einen Fuß nach hinten wegziehen. Dann beginnt das Spiel von vorne. Wer beide Füße „verloren" hat, darf aufstehen, sich gegebenenfalls seine Jacke anziehen und nach Hause gehen. Der letzte in der Runde bekommt ein kleines Geschenk.

Der Apfeldieb

Spielgedicht
Alter: ab 3 Jahren

Da draußen in Nachbars Garten,	*Mit dem Zeigefinger nach draußen deuten*
da steht ein Apfelbaum,	*Mit einer Hand den Apfelbaum darstellen*
hängt voll mit süßen Äpfeln,	*Die Finger umgreifen die dicken Äpfel*
man sieht die Blätter kaum.	*Die Hände vor das Gesicht halten*
Da kriecht der kleiner Till	*Anschleichen auf den Oberschenkeln*
durchs enge Loch am Hang,	*das Loch mit den Fingern anzeigen*
stopft sich die Taschen voll	*pantomimisch die Taschen voll stopfen*
und isst so viel er kann.	*Kaubewegungen und Essgeräusche*
Horch, da kommt der Bauer!	*Hand hinters Ohr*
Er sieht den Apfeldieb.	*Hand über die Augen*
Der Till haut ab, denn Schimpfen	*Mit den Füßen trampeln*
wär ihm jetzt gar nicht lieb.	
Er will durchs Löchlein schlüpfen,	*Noch mal das Loch anzeigen*
da gibt's ein Missgeschick!	
Die vollen Taschen machen	*Die gefüllten dicken Taschen andeuten*
den Burschen gar so dick.	
Er zappelt in dem Loche,	
wie ne gefang'ne Maus.	*Hände schütteln*
Da muss der Bauer lachen	
und zieht ihn da heraus.	*Greifbewegungen machen*
„Brauchst keine Äpfel klauen!	
Ich geb sie dir auch so.“	*Mit den Händen Äpfel formen*
Klopft ihm noch auf die Schulter,	*Auf die eigene Schulter klopfen*
was ist der Till da froh.	

Spielanregung

Ich habe den Schluss umgeschrieben. Im Original hat der Junge Angst vor den Schlägen und bekommt dann am Ende mit „dem Stocke die Hosen ausgeklopft.“

Variante
Das Stück wird von zwei Kindern als Rollenspiel aufgeführt.

Handfische

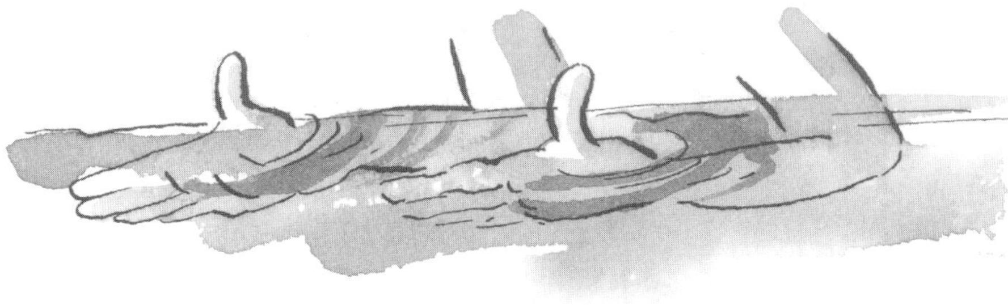

Bewegungsgeschichte
Alter: ab 2 Jahren

Habt ihr vielleicht schon einmal von den wunderschönen Handfischen gehört? Sie leben in vielen Teilen der Meere, und manchmal kommen sie auch zu uns die Flüsse hinaufgeschwommen.

Sie heißen Handfische, weil sie so aussehen wie unsere Hände. Am Morgen schwimmen sie mit dem Daumen nach oben und am Nachmittag mit dem Daumen nach unten. Am Abend schwimmen sie ganz ruhig, die Handflächen nach oben gestreckt. In der Nacht bleiben sie stehen, drehen sich einmal herum, so dass die Handflächen jetzt nach unten zeigen. Das ist die beste Zeit, um sie zu fangen.
Die Leute sagen manchmal, wenn so ein Fisch schläft, dann kann man leicht einen Handschuh darüber streifen, und der Fisch ist gefangen. Das ist ein Spaß, wenn jemand so einen gefüllten Handschuh anziehen will, und er ist mit einem Handfisch vollgestopft: IIhhh!

Der größte Spaß der Handfische besteht darin, am Morgen mit dem Daumen nach oben und am Nachmittag mit dem Daumen nach unten zu schwimmen. Und dann schnappen sie am liebsten zusammen nach kleinen Fischen: einmal „schnapp" hier und einmal „schnapp" da – und wenn sie dann gegessen haben, klatschen sie mit ihren gefüllten Bäuchen aneinander und das hört sich dann so an: (klatsch, klatsch, klatsch ...). Die größte Angst haben sie vor Fußfischen. Wenn die auftauchen, sind sie ganz schnell verschwunden.

Spielanregung

Die Geschichte wird direkt in Bewegung umgesetzt. Der Daumen soll als Flosse beim Schwimmen wackeln und je nach Tageszeit nach oben oder nach unten zeigen. Mal sehen, ob es den Kindern gelingt, das Maul mit je zwei Fingern darzustellen (Zeige- plus Mittelfinger bzw. Ring- und kleiner Finger).
Die Fußfische trampeln dann zum Schluss.

Variante
Hier noch ein Vorschlag für eine Erweiterung der Geschichte. Denken Sie sich mit ihren Kindern weitere Episoden aus.

Es ist bekannt, dass Handfische gerne zu zweit herumtollen. Sie begrüßen sich, indem sie sich kräftig umarmen. Am Morgen schwimmen sie dann zu zweit mit den Flossen nach oben und am Nachmittag nach unten.
Wenn ein Handfisch hungrig ist, schnappt er sich einen kleinen Fisch, so groß wie eine kleine Forelle, und wirft sie zu seinem Partner. Der Freund fängt sie auf und schluckt sie hinunter. Dann fängt er selbst einen Fisch und wirft ihn in das Maul des anderen Handfisches, gerade so wie einen Jonglierball. Sie brauchen also immer den anderen Partner, um zu fressen. Erst wirft der erste dem zweiten und dann der zweite dem ersten eine leckere Mahlzeit zu. Sie lieben es, dem anderen beim Essen zuzuschauen und klatschen vor Freude mit ihren gefüllten Bäuchen gegeneinander.

Bei all ihrem Geschick müsste man annehmen, dass Handfische ein sorgenfreies Leben führen. Aber sie sprechen immer schon über den Tag, an dem sie ihrem geliebten anderen Handfisch „Auf Wiedersehen" sagen müssen. Das ist dann der Fall, wenn die Fußfische auftauchen. Diese tappen erst ganz langsam und leise heran und plötzlich sind sie mit einem lauten Stampfen da.
Die beiden Arten, Hand- und Fußfische, sind nicht wirklich Feinde. Sie haben jedoch unterschiedliche Gewohnheiten: Der Fußfisch bewegt sich vor allem am Meeresgrund entlang und wirbelt so viel Schmutz auf, dass der Handfisch die eigenen Flossen nicht mehr vor den Augen sehen kann. So müssen die Handfische dann hoch zur Wasseroberfläche flitzen, schnellen aus dem Wasser heraus und winken ihrem verflossenen Handfisch zum Abschied noch einmal zu. Dann suchen sie das Weite, um dort einen neuen Handfisch zu treffen. Dann kann man diese fliegenden Handfische auf dem Meer sehen. Das ist aber ganz selten. Passt mal im nächsten Urlaub am Meer auf, ob ihr welche entdecken könnt.

Der arme Klaus

Bewegungsgedicht
Alter: ab 3 Jahren

Der arme Klaus, der hockt zu Haus, schon sieben Wochen.	*den Kopf mit den Händen auf den Knien abstützen*
Er kann nicht kochen,	*in einem imaginären Topf rühren*
er kann nicht backen,	*einen unsichtbaren Teig kneten*
er kann nicht Nüsse knacken.	*Handinnenflächen aufeinander*
Er kann nicht Strümpfe stricken,	*zwei Finger als Stricknadel*
er kann nicht Socken flicken.	*an einer Faust „stopfen"*
Der arme Klaus, der hockt zu Haus. Was kann er stattdessen?	*Grundhaltung wie oben*
Knackwürste essen.	*klatschen*

Annegret Frank / Wolfgang Hering

Steine balancieren

Balancierspiel
Alter: ab 4 Jahren

Eine gute Schulung für den Gleichgewichtssinn.

Intro:
Sagt, was ist in meiner Hand?
Ratet diesen Gegenstand.
Hört nur her, ich kann ihn schütteln,
zwischen meinen Händen rütteln.
Draußen gibt's ihn vor der Tür.
Wer es weiß, der sagt es mir.
(Stein)

Und jetzt lad ich alle ein:
Nehmt euch jeweils einen Stein.
Redet dabei gar nicht viel,
denn es ist ein leises Spiel.

Dieser Stein, den ihr bewegt,
mag, wenn man ihn hegt und pflegt.
In der flachen Innenhand
fällt er dir nicht übern Rand.

Nimm den Stein und dreh die Hand,
leg ihn dann ganz elegant
auf den Rücken und lass los,
wackel mit der Hand nicht groß.

Dieser Stein, der wird ganz schwer,
wieg ihn langsam hin und her.
Auf dem Rücken deiner Hand
fällt er dir nicht übern Rand.

Und du legst ihn auf den Fuß,
heb ihn etwas hoch zum Gruß.
Winke kurz mal mit den Zehn,
lass ihn auf und niedergehn.

Dieser Stein, der will noch mehr,
wieg ihn langsam hin und her.
Und wir wolln jetzt auch mal sehn,
kannst du mit dem Stein auch gehn?

Langsam gehst du nun voran
mit dem Stein, so ist der Plan,
läufst du kreuz und läufst du quer,
so zu gehn, ist ganz schön schwer.

Leg ihn dir mal auf den Kopf
wie ein Deckel auf dem Topf.
Geh nun ganz bedächtig los,
gib ihm dabei keinen Stoß.

Und du nimmst, gleich kommt das Ende,
nun den Stein in deine Hände.
Ja, er braucht nichts mehr zu tun,
kann dort endlich wieder ruhn.

Spielanregung

Alle gehen nach draußen und suchen sich einen nicht zu großen Stein, oder es sind schon genügende Steine in der Gruppe vorhanden. Jedes Kind nimmt ein Exemplar. Dann wird der Text gesprochen und umgesetzt. Erst wird das Steinspiel mit der rechter Hand und dem rechten Fuß versucht und dann in einem zweiten Durchgang mit der anderen Seite wiederholt.

Der Steinhauer

Bewegungsgeschichte
Nach einem amerikanischen Märchen
Alter: ab 5 Jahren

Es lebte einmal ein Steinhauer, der mit Hammer und Meisel Steine aus dem Berg schlug: Poch, poch, poch ... War ein Stein fertig, hob er ihn auf und legte ihn auf seinen Wagen. So bekam er kräftige, dicke Muskeln.
Er schlug viele Steine aus dem Berg und wuchtete sie auf seinen Wagen. So ging es tagein und tagaus. Er stapelte die Steine auf seinem Wagen. Jeden Tag brannte die Sonne heiß vom Himmel. Eines Mittags rief er: „Ich wünschte, ich wäre so stark wie die Sonne". Das hörte ein Berggeist, und er erfüllte ihm den Wunsch. Der Steinhauer verwandelte sich in die Sonne.
„Oh, das gefällt mir. Nun kann ich alles sehen. Ich bin das heißeste Teil, das es überhaupt gibt." Er war glücklich, bis sich eines Tages eine große Wolke vor ihn setzte. „Entschuldigung, liebe Wolke, jetzt kann ich gar nichts mehr sehen." Doch sie bewegte sich nicht von der Stelle. Der Steinhauer war wütend. Jetzt war so eine Wolke stärker als er. „Ich wünschte, ich wäre auch so eine Wolke." Und sein Wunsch ging in Erfüllung.
Nun flog er am Himmel entlang, ließ auf das Land regnen und donnerte, wenn er wütend war. Er beschloss, einmal nach Westen zu fliegen, aber der Wind blies ihm kräftig entgegen, und er musste sich rückwärts treiben lassen. Er sprach: „Ach, wäre ich doch so kraftvoll wie der Wind". Und sein Wunsch wurde Wirklichkeit. Er sauste als Wind durch die Gegend. Der Steinhauer liebte das Herumfliegen. Er konnte alles überblicken und überall hinwehen, bis er auf einen großen Berg traf. „Geh mir aus dem Weg. Ich bin der Wind.". Doch der Berg rührte sich keinen Millimeter vom Fleck. „Oh, jetzt hab ich's – der Berg ist noch stärker als der Wind. Ich möchte ein Berg sein" So wurde der Steinhauer ein großer Berg, und Wind und Wetter konnten ihm nichts anhaben.
Eines Tages kitzelte etwas an seinem Fuß: Poch, poch, poch ... Oh, da wollte ihn wohl jemand verletzen. Dieser Jemand war also noch stärker als er. Es war ein Steinhauer, und da fiel ihm wieder ein, dass er ja selbst einer von diesen starken Leuten war. Und er verwandelte sich auf der Stelle wieder in einen Steinhauer. Er war glücklich und setze seine alte Arbeit fort: Poch, poch, poch ....

Spielanregung

Die Kinder können entweder alle Bewegungen mitmachen, oder die Rollen werden von einzelnen Kindern übernommen. Für das Pochen schlägt eine Faust auf die andere offene Hand. Die Steine werden pantomimisch hochgehoben. Eine Hand mit ausgestreckten Fingern ist die Sonne, die aufgeht und immer höher steigt. Dann beide Händen an die Ohren halten, damit eine runde Sonnenform entsteht und so richtig strahlen kann. Die Wolken können folgendermaßen dargestellt werden: Beide Hände greifen ineinander und schieben sich vor das Gesicht. Beim Wind flattert eine Hand davon, dann beide Hände nach vorne strecken und pusten. Für die Darstellung des Berges werden die Hände über dem Kopf gehalten.
Dann stehen alle auf und schauen zu ihren Füßen. Das Klopfen vom Anfang wird wieder aufgegriffen. Der Steinhauer zeigt noch einmal seine Muskeln.

Mein Finger, der ist sportlich

Fingerspiel
Alter: ab 2 Jahren

Mein Finger, der ist sportlich,
er sieht ganz kräftig aus.
Er streckt sich gern nach vorne,
dann wieder hoch hinaus.

Und liegt er mal am Boden,
dann ist er gar nicht schlapp.
Er macht fünf Liegestütze,
so turnt er auf und ab.

Sein Nachbar ist gemütlich,
er macht sich nicht gern krumm,
schaut lieber mal zur Seite
und dann im Kreis herum.

Der Dritte trägt gern Ringe,
geht alles langsam an.
Bleibt eingerollt am Morgen,
weiß nicht, was er so kann.

Der Kleinste ist ganz rege.
Er zappelt immer sehr,
wirft sich gern auf den Boden
und wälzt sich hin und her.

Der Dickste in der Runde,
der kann ganz ruhig stehn,
beugt sich noch leicht nach vorne
und sagt: „Auf Wiedersehn."

Spielanregung

Bei diesem Stück zur Koordination der Feinmotorik treten die Finger nach und nach in Aktion, beginnend mit dem Zeigefinger. Die einzelnen Akteure versuchen, die Bewegungen erst mit der rechten, dann mit der linken Hand auszuführen. Die andere Hand dient jeweils als Boden. Darauf werden die Liegestütze gemacht, und der kleinste Finger wälzt sich darauf hin und her.
Das Gedicht passt gut für eine Schlussrunde, weil am Ende „Auf Wiedersehn" gesagt wird.

Schleicht ein Räuber

Spiel für den Stuhlkreis
Alter: ab 3 Jahren

Schleicht ein Räuber durch den Wald,	*über die Oberschenkel streichen*
tipp, tapp, tipp, tapp	*abwechselnd mit rechter und linker Hand auf die Oberschenkel klopfen*
Doch halt, da steht ein ... (Bär).	*Tier von den Kindern aussuchen lassen, das im Wald steht, dabei beide Hände hochhalten.*
Oh, da fällt der Räuber	
oh, oh, – auf den Po.	*Po nach oben vom Stuhl lösen und wieder zurückplumpsen*
Da muss er ganz schnell laufen,	*Füße trampeln*
um zu Hause zu verschnaufen.	*Kopf in Richtung Knie, mit den Armen umfassen.*

Spielanregung

Das Spiel wird im Stuhlkreis ausgeführt und der Text ganz geheimnisvoll gesprochen. Das Tier kann unterschiedlich ausgesucht werden:

- der Reihe nach
- das Kind, das an der Reihe ist, nennt ein anderes, das bestimmen darf.

Die Kinder können auch andere verrückte Wesen oder Dinge erfinden, die dem Räuber Angst bereiten.

Carola Rupp

Zähneputzen ist nicht schwer

Bewegungsspiel
Alter: ab 2 Jahren
Material: Zahnbürsten

Hin und her,
hin und her –
Zähneputzen ist nicht schwer.

Außen rund,
außen rund –
Zähne bleiben so gesund.

Auf und ab,
auf und ab –
Bürste, mach jetzt nur nicht schlapp.

Immer rund,
immer rund –
geht die Bürste rund im Mund.

Innen geht,
innen geht –
auch die Bürste umgedreht.

Ja, das tut,
ja, das tut
ganz bestimmt den Zähnen gut.

Spielanregung

Dieses Gedicht ist pädagogisch „besonders wertvoll.“ Kein Tag sollte ohne Zähneputzen beendet werden. Auch morgens und nach dem Mittagessen sollten die Kinder daran denken. Nach den Textvorgaben kann mit dem Finger geübt oder eine richtige Zahnbürste eingesetzt werden.

Zwei Abzählverse zum Ende

Spiel mit Echo
Alter: ab 4 Jahren

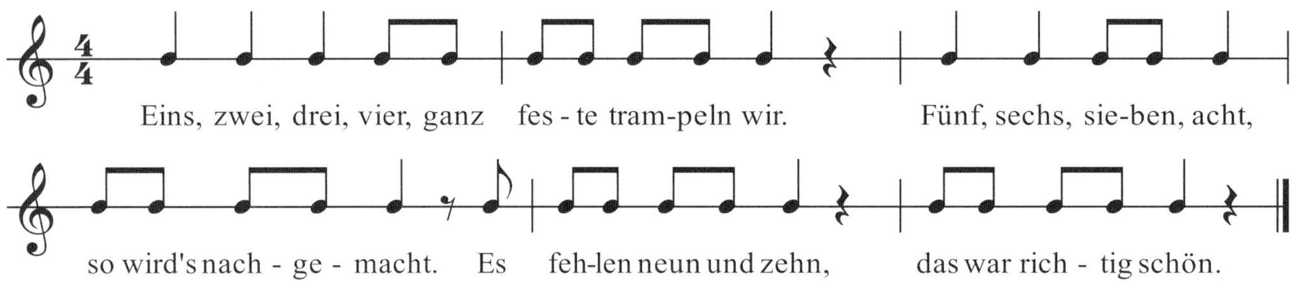

Eins, zwei, **drei**, vier,
ganz **fes**te trampeln **wir**.
Fünf, sechs, **sie**ben, acht,
so wird's nachge**macht**.

Es **feh**len neun und **zehn**,
das war richtig **schön**.

Spielanregung

Zu den ersten vier Zeilen wird fest mitgestampft. Danach wird vom Spielleiter oder einem Kind irgend etwas vorgemacht (z. B. Bewegungen, Klanggesten), das die andern als Echo nachmachen müssen. Danach werden die beiden letzten Zeilen gesprochen.

Variante

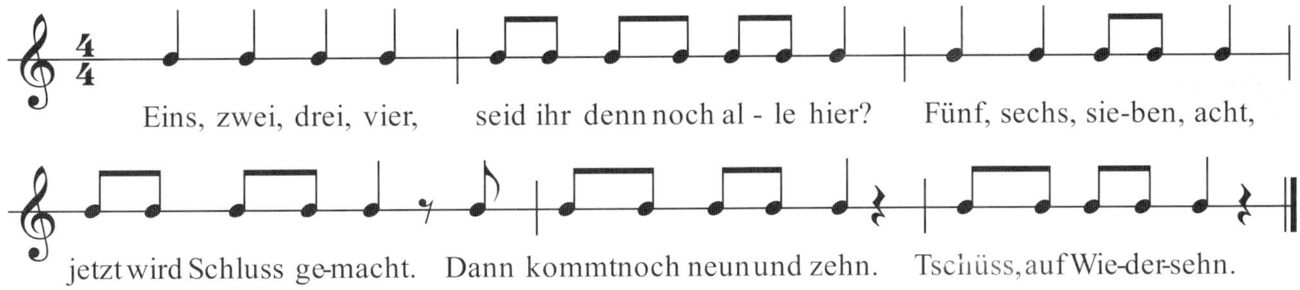

Eins, zwei, **drei** und vier,
seid ihr denn noch **al**le hier?
Fünf, sechs, **sie**ben, acht,
jetzt wird Schluss ge**macht**.
Dann **kommt** noch neun und **zehn**.
Tschüss, auf Wieder**sehn**.

Spielanregung

Die Zahlen können auf verschiedene Weise dargestellt werden:
1. mit den Fingern mitzählen
2. zum Vers klatschen
3. abwechselnd auf die Oberschenkel patschen
4. fest mitstampfen – am Ende sich gegenseitig zuwinken

Anhang

Hinter den Kulissen der „Bewegungshits“

Viele Erwachsene erinnern sich an Evergreens zum Thema „Bewegung“ noch aus ihrer Kindheit. Wer kennt nicht „Backe, backe, Kuchen“, „Hoppe, hoppe, Reiter“ oder „Es tanzt ein Bi-Ba-Butzemann“. Solche kleinen Bewegungsstücke, ob mit gesprochenem oder gesungenem Text, sind fast jedem geläufig. Haben wir dann mit Kindern zu tun, fallen uns vertraute Verse wieder ein. Das kann ein Fingerspiel sein, ein Kniereiter, ein rhythmisches Sprechgedicht, ein Klatschspiel, eine Mitspielgeschichte, ein Rollenspiel, eine Tanzidee, ein Bewegungslied oder Kreisspiel. Eltern, Erzieherinnen und Lehrerinnen haben die Erfahrung gemacht, dass diese Angebote dankbar aufgegriffen werden. Die Kinder fügen ganz selbstverständlich Spiel, Tanz, Sprache, Rhythmus und Bewegung zusammen – auch schon die Zweijährigen. Ältere müssen dann häufig die einzelnen Elemente voneinander trennen. Wie in anderen Lernbereichen werden häufig Erfahrungen und Ausdrucksmöglichkeiten in Portionen abgepackt und bei unterschiedlichen Gelegenheiten verabreicht und geübt. Meine Sammlung knüpft am ganzheitlichen Ansatz bewährter Kinderhits an und bringt viele neue Stücke mit modernen Rhythmen und Musik.
Stellen wir uns eine Hitparade mit diesen Stücken vor. Es kommen bewährte Zugnummern vor, andere Stücke verschwinden wieder in der Versenkung, und ein paar Evergreens überdauern die Jahre. Vielleicht gibt es einen Spitzenreiter, der seit Wochen die Bewegungs-Charts anführt. Andere halten sich monatelang im Mittelfeld und weitere sind einfach nicht mehr zeitgemäß, werden für die Kinder unattraktiv. Es gibt regionale und saisonale Unterschiede, Cover-Versionen und neue Varianten kommen nach oben, und häufig tauchen alte Spielideen in neuem Gewand wieder auf.
Leider haben die Kinder oft keine Fürsprecher, die eine solche Hitparade aufstellen und dann regelmäßig pflegen würden. Meistens erleben sie diese altersgemäßen, witzigen und sprachartistischen Stücke viel zu selten in ihrem Alltag. Untereinander tauschen sie schon mal ihre interessantesten Nummern aus und reproduzieren Ausschnitte aus diesen Programmen. Eigene Fantasien und Spielideen kommen hinzu. Besonders anziehend sind die Stoffe, die den Kindern Identifikationsangebote machen und spannend erzählt sind mit fesselnden Inhalten.
Bewegungsstücke sind die wahren „Hits für Kids“. Sie sensibilisieren und verbessern die Wahrnehmung, fördern Kreativität und soziales Lernen. Bewegung ist ein zentraler Bestandteil der Entwicklung des Kindes. Die Motorik ist beteiligt bei der Herausbildung aller Sinnesorgane. Das kindliche Lernen vollzieht sich vorwiegend durch Handeln aus innerem Antrieb oder durch Reagieren auf Außenimpulse und Anreize.

Nachdem über Jahrzehnte zu Recht das fehlende oder viel zu geringe Angebot an Bewegungsmöglichkeiten beklagt wurde, lässt die Entwicklung der letzten Jahre hoffen: Sportkindergärten, Bewegungsbaustellen, Kinderturnangebote, Spielfeste und tägliche Bewegungszeiten in der Schule gibt es heute häufiger. Erzieherinnen, Lehrer und Eltern suchen aber immer noch nach Anregungen für Zwischendurch und nach attraktiven Spielangeboten für den Alltag. Besonders gilt dieser Wunsch für kühlere und unfreundliche Tage.
Dafür habe ich die Gedichte, Lieder und Geschichten mit Spielideen zusammengestellt. Die verschiedenen Bereiche verbinden sich auf einfache und spielerische Art und Weise. Musik und Bewegung werden dabei hauptsächlich durch

Sprache verknüpft. Die breite Palette an Themen (z. B. Ritter, Indianer, Tiere, Jahreszeiten, Einstieg und Ausklang, Medien und ferne Welten) können ohne oder mit Requisiten umgesetzt werden. Ich denke, dass für jeden Anlass etwas zu finden ist – ob es sich um eine Kindergartengruppe, einen Geburtstag, einen Spielenachmittag oder ein kleines Projekt in der Grundschule handelt. Es ging mir bei der Auswahl der Texte und Spieltipps vor allem um den Spaß an der Bewegung. Die Verse, Geschichten und Lieder sind – oft auch für kleine Kinder – leicht umzusetzen.

Freie und rhythmisierte Sprache

Viele Eltern und Pädagogen scheuen sich, musikalische Ausdrucksformen im täglichen Umgang mit Kindern einzusetzen. Einige Erwachsene meinen, sie seien vollkommen unmusikalisch. Jedoch bietet auch das gesprochene Wort viele rhythmische Möglichkeiten. Die musikalische Latte muss gar nicht so hoch liegen. So wird von mancher Erzieherin z. B. das Stück „Zehn kleine Zappelmänner" nicht gesungen, sondern mit den entsprechenden Bewegungen als Gedicht gesprochen. Lehrer spielen vielleicht mit ihrer Klasse die „Löwenjagd". Auch ungeübte Eltern können die meisten Kreis- und Bewegungsspiele leicht umsetzen. Durch den Rap-Sprechgesang der HipHop-Kultur ist das rhythmisierte Vortragen eines Textes populärer geworden. Manchmal kann man ähnliche Formen bei den Klatschspielen der Kinder, vor allem im Grundschulalter, beobachten. Viele der Lieder auf der Begleit-CD versuchen, die metrische Struktur von Liedtexten zu betonen: HipHop für Kinder, jedoch mit dem Ziel, dass der Text verständlich bleibt und nicht das Artikulieren als Selbstzweck in den Mittelpunkt rückt.
Betrachten wir die verschiedenen Bewegungsstücke, so unterscheide ich zunächst einmal Texte, die metrisch frei, ohne rhythmischen Bezug gesprochen werden – z. B. Fingerspiele und Bewegungsgeschichten. Dann gibt es rhythmisierte Verse und Lieder, bei denen ein pulsierender Beat die Betonungen der Sprache strukturiert und das Tempo hält. Während das freie Textmaterial von der Interpretation und der Gestaltung in der Gruppe lebt, sind die rhythmischen Texte mehr durch Form und Akzentuierung bestimmt. Trommeln, Klanghölzer oder eigene Klanggesten wie Klatschen oder Stampfen können als rhythmische Impulsgeber eingesetzt werden. Oder Sie verwenden ein elektronisches Rhythmusgerät oder ein entsprechendes Computerprogramm. Diese rhythmischen Festlegungen erleichtern es den Kindern, die Stücke selbstständig zu reproduzieren. Das geht so weit, dass die Präsentation zum Ritual werden kann und von den Kindern immer wieder eingefordert wird.

Die Musik

Manche sind der Auffassung, dass Musik den Fachleuten zu überlassen sei. Dafür gibt es die musikalische Früherziehung, den „Musikgarten" als Angebot für Kleinkinder und den Musikunterricht in der Schule. Oftmals sind diese Angebote jedoch überfüllt bzw. auf eine Stunde in der Woche beschränkt, sodass sie den Bedarf nicht decken können, und sie kosten außerhalb der Schule Geld. Viele Kinder kommen überhaupt nicht in den Genuss von musikalischen Angeboten.
Nicht erst seit der Langzeituntersuchung an Berliner Grundschulen durch Prof. Hans Günther Bastian ist bekannt, welch sozial positive Rolle der Umgang mit Musik im Kindesalter spielt. Gerade deshalb ist es so wichtig, dass sich alle, die mit Kindern zu tun haben, diesem Feld nähern und ausprobieren, was für sie machbar ist. Insbesondere die Verbindung von Musik und Bewegung bietet dabei vielfältige Anregungen. Das geht beim Tanz, bei Musikspielen und beim Instrumentenspiel sicher auch ohne Sprache. Mit Versen und Liedern können zusätzlich inhaltliche Akzente gesetzt und einfache Geschichten erzählt und im Theater- und Rollenspiel weiter entwickelt werden.
In pädagogischen Einrichtungen ist oft nur eine Person für Musikaufführungen und Singen zuständig. Das muss nicht so bleiben. In den rhythmischen Spielideen und Musikangeboten stecken

so viele Möglichkeiten, Kinder aller Altersgruppen anzusprechen. Dazu brauchen Sie weder musikalische Ausbildung noch Noten-Kenntnisse. Singen, Klanggesten und gestisches Darstellen sind so elementar, dass Sie die Angebote direkt mit den Kindern umsetzen können. Außerdem können Sie CDs einsetzen und sich die Stücke mehrmals anhören. Mit ihrer Hilfe gelingen Melodieführung und das Einhalten von Rhythmus und Takt noch besser. Eine eigene Playback-CD (s. ausführlicher S. 123 f.) ist eigens für die pädagogische Arbeit aufgenommen worden.

Bewegung ist immer dabei

Kinder drücken Emotionen unmittelbar aus. Sie hüpfen vor Freude, stampfen vor Wut, lassen bei Enttäuschung die Schultern fallen und senken den Kopf. Wenn sie trotzig sind, verschränken sie erbost die Arme oder werfen sich auf den Boden. Man sieht ihnen sehr leicht an, wie es ihnen geht. Kinder müssen lernen, komplizierte Bewegungsabläufe zu koordinieren. Wichtig ist es für den Heranwachsenden, ein gutes Körpergefühl zu bekommen. Mangelnde Bewegungserfahrungen können zu Störungen und Beeinträchtigungen führen. Wir kennen Kinder, die sich permanent den Kopf stoßen, hinfallen oder mit ihrer Ungeschicklichkeit auffallen. Oftmals haben diese Kinder später in der Schule Schwierigkeiten, den Lernstoff zu bewältigen. Für sie ist es besonders wichtig, das Bewegungsangebot weniger leistungsbezogen als spielerisch und spaßbetont zu gestalten.

Wenn die Sporthalle, der Turnraum oder eine Wiese zur Verfügung stehen, können auch Sportgeräte wie Matten, Bänke, Kästen, Bälle, Reifen mit einbezogen werden. Oder Sie nutzen Alltagsmaterialien wie Gartenschläuche, Pappkartons, Plastikbehälter, Steine, Bierdeckel, Tücher ...

Medienwelt

Heute, im Zeitalter vielfältiger Medienangebote, müssen sich pädagogische Programme an kommerzieller Konkurrenz messen lassen. Angebote, die betulich und wenig abwechslungsreich daherkommen, erreichen nicht die notwendige Aufmerksamkeit, insbesondere bei etwas schwieriger anzusprechenden Kindern. Viele Comics und Kinderprogramme leben vom Tempo und der Bewegung, jedoch laufen die Handlungen sozusagen stellvertretend in der „zweiten Wirklichkeit“ ab. Die Schnitttechnik überspielt oft die Dürftigkeit der Story. Das Verarbeiten reduziert sich auf die sinnliche Aufnahme über Auge und Ohr. Kinder brauchen aber auch die Möglichkeiten aktiver Entfaltung. Sie können nicht ewig lange sitzen bleiben. Beobachten Sie mal, wie Kinder nach langem Fernsehkonsum ein unbändiges Bedürfnis nach Herumtoben entwickeln. Greifen Sie doch Medienerfahrungen im Spielangebot auf. Zum Beispiel zeigen Sie einen Indianerfilm, anschließend werden die Kinder entsprechend verkleidet und geschminkt; danach machen sie ein paar Geschicklichkeitsspiele und tanzen schließlich den „Indianer-Trommeltanz“. Die Mischung macht's. Möglichst viele Wahrnehmungs- und Handlungsebenen sollten vorkommen und – wenn es geht – miteinander verknüpft werden.

Kreativität der Kinder

Die meisten Kinder haben ein großes Repertoire an eigenen Ideen, interpretieren Vorgaben der Erwachsenen mit viel Fantasie und sind Weltmeister im Erfinden von Geschichten und dem Umfunktionieren vorhandener Gegenstände und Texte. Oft verkümmert diese unbefangene Kreativität, insbesondere wenn Erwachsene nur vorgefertigtes Spielmaterial anbieten.

Die Kinder entwickeln sich jedoch auch in der Herausbildung ihrer Fertigkeiten sehr unterschiedlich. Ein Thema oder eine Anregung ist für das eine Kind gerade richtig, ein anderes lässt sich damit überhaupt nicht ansprechen. Meine Erfahrung aus zahlreichen Angeboten für Kinder und Workshops für Erzieherinnen und Lehrer: Bei Bewegungsangeboten mit großem Spaßfaktor und niedrigem Einstiegslevel kommen auch Kindern mit Leistungsschwächen und Verhaltensauffälligkeiten leicht mit.

Kinder sind nach meiner Erfahrung immer bereit, interessante Themenstellungen und Geschichten aufzugreifen. Spannend und witzig soll es sein und wenn die Sprösslinge mit „Kopf, Herz und Hand“ (Pestalozzi) angesprochen werden, dann sind sie ein dankbares Publikum und gerne aktiv dabei.
Viele therapeutische und pädagogische Ansätze weisen auf die Notwendigkeit ganzheitlicher Angebote hin. Zwei Richtungen möchte ich kurz vorstellen: die Kinesiologie und die Psychomotorik.

Kinesiologie und Psychomotorik

Nach Erkenntnissen der *Kinesiologie*, die auf Ergebnissen der Gehirnforschung basiert, besteht Lernen aus einer Einheit von Körper und Geist, d. h. Be-Greifen hat sehr viel auch mit Greifen zu tun. Insbesondere geht es bei diesem Ansatz darum, eine Verknüpfung zwischen linker und rechter Gehirnhälfte zu erreichen. Während rechts bildhaftes Denken und der emotionale Bereich angesiedelt sind, steht die linke Seite mehr für begriffliches Denken und das rational-analytische Verstehen. Vereinfacht gesagt: links denkt logisch und abstrakt, rechts ist für den Gefühlshaushalt zuständig. Bei der Steuerung der Motorik bestimmt die rechte Gehirnseite die linke Körperhälfte und umgekehrt. Bei den meistens Menschen entwickelt sich eine Seite zur dominanten.

Besondere Bedeutung kommt in der kindlichen Entwicklung dem Krabbeln zu, weil hier beidseitige Koordination notwendig ist. Beide Gehirnhälften werden also durch Überkreuzbewegungen aktiviert. Wird diese Phase übersprungen, kann es zu Störungen kommen. So haben Studien ergeben, dass über 80 Prozent der Legastheniker nicht gekrabbelt haben. Mit dem Eintritt in die Schule wird vor allem die linke Gehirnhälfte gefördert. Der Drang nach Bewegung und emotionalem Erleben wird oftmals in den Hintergrund gedrängt, denken wir nur an das geringe Angebot von Musik, Kunst und Sport in den Stundentafeln der Schulen.

Unser Gleichgewichtssinn ist optimal ausgerichtet, wenn beide Gehirnhälften ausgewogen aktiviert werden. Kinder sollten deshalb von klein auf mit Überkreuzbewegungen und der Verknüpfung möglichst vieler Sinne zur Förderung ihrer Entwicklungsmöglichkeiten angeregt werden. Viele Stücke dieses Buches sind so angelegt: Die „rationale“ Sprache verbindet sich mit Bewegungsgestaltung und witzigen Spielideen. Musik kommt als Sprache der Gefühle hinzu. Einige Materialien sind direkt für die Förderung des Gleichgewichtssinnes gedacht, z. B. „Der Gruß mit dem Fuß“ (S. 9), „Fensterputzen“ (S. 19) oder „Meine beiden Seiten“ (S. 84).

In der *Psychomotorik* wird betont, dass die Bewegung zentral für die kindliche Entwicklung ist und sich nicht nur auf das reine Fortbewegen reduzieren lässt. Bewegen und Wahrnehmung sind eng miteinander verbunden. Im Vergleich zum Erwachsenen reagieren Kinder auf Bewegungsangebote normalerweise unmittelbarer und spontaner, lassen sich leichter zur Aktivität anregen und zum Mitmachen herausfordern.
Der Psychologe Ernst J. Kiphard hat die Psychomotorik maßgeblich geprägt. Er versuchte, vor allem die Bewegung in die Therapie behinderter, verhaltensauffälliger und entwicklungsgestörter Kinder zu integrieren. Im Laufe der Jahre hat sich dieser Ansatz u. a. durch die Professionalisierung in der Motopädagogik weiter entwickelt. Eng verbunden mit diesem Ansatz sind viele Sportgeräte wie Trampolin, Pedalos, Schwungtücher, Balancierkreisel und Rollbretter.

Heute werden die verschiedensten therapeutischen Ansätze unter dem Begriff *„Sensorische Integration“* zusammengefasst. Die Angebote sollen helfen, insbesondere bei verhaltensauffälligen oder lernschwachen Kindern, die Selbsteinschätzung zu verbessern, d. h. die eigenen Stärken und Schwächen besser kennen zu lernen und dabei auch das Sozialverhalten zu fördern. Immer stärker kommt in diesem Bereich auch das elementare Zusammenspiel von Musik, Sprache und Bewegung zum Tragen.

Zu den Stücken

Schwerpunkt sind Bewegungsangebote, die sich ohne großen Aufwand umsetzen lassen und meist aus dem Stegreif ohne große Vorbereitung und Materialeinsatz mit der Kindergruppe realisiert werden können. Die Stücke haben meist eine überschaubare Länge von weniger als fünf Minuten. Sie lassen sich gut miteinander verbinden, d. h. ein Fingerspiel kann zu einer Bewegungsgeschichte führen, an die sich dann ein thematisches Spiellied anschließt. Ein rhythmisches Klatschspiel kann zu einem einfachen HipHop-Song weiter entwickelt werden, der durch selbstgetextete Strophen ergänzt wird.

Viele Stücke habe ich in den letzten Jahre gesammelt. Manche habe ich etwas überarbeitet und sprachlich verfeinert. Vergleichbar mit guten Witzen machen sie die Runde, und wie diese gibt es oft mehrere Versionen. Manche Spielregeln existieren schon lange und sind stellenweise nur mit neuen Texte verbunden worden. Dank an alle Kolleginnen und Kollegen, die mir ihre Fassungen aufgezeichnet oder auf Tonband gesprochen haben, meist bei einer der vielen Fortbildungen, die ich in den letzten Jahren im Kindergarten, Turn- und Grundschulbereich durchgeführt habe. Deshalb ist es bei vielen Stücken nahezu unmöglich, die Autorenschaft zurückzuverfolgen. Wir haben nach bestem Wissen die Copyrights ausgewiesen (s. S. 2).

Meine eigenen Beiträge habe ich mit Kindergruppen mehrfach ausprobiert und dann in einer Fassung festgehalten. Die Stücke können sehr unterschiedlich interpretiert und je nach Altersgruppe und Situation reduziert eingesetzt oder aufwändig ausgebaut werden. Wichtig bei der Zusammenstellung der Bewegungsmaterialien war mir, dass die Kinder nicht überfordert werden. Viele Stücke sind daher bewusst einfach gehalten. Die meisten Geschichten waren ursprünglich viel länger. In der Erprobungsphase hat es sich gezeigt, wie wichtig Übersichtlichkeit und Verständlichkeit sind. Das Mitmachen wird dadurch erleichtert, dass es meist nur wenige Rollen gibt, Wiederholungen auftauchen und das Szenario bekannt ist. Trotzdem habe ich versucht, den Handlungsablauf pfiffig zu gestalten und auch unerwartete Wendungen einzubauen.

Mit vielen Stücken wird die Feinmotorik gefördert, besonders mit den Fingerspielen und dem Einbeziehen von Händen, Füßen als körpereigene Klanggesten. Andere fördern die Grobmotorik, das Agieren und die Präsenz im Raum. Sie knüpfen damit an alte Kinderspiele wie Hüpfkästchen, Gummitwist oder Reifenrollen an. Viele Textideen können für ein bewegungsorientiertes Kindertheater weiterentwickelt werden, wobei dann Improvisation und die Kreativität der Kinder noch stärker im Mittelpunkt stehen.

Fingerspiele

... bieten die Möglichkeit Sprache und Bewegung zu verbinden. Der Gestaltungsraum ist auf die Hände und den Raum vor dem Körper beschränkt und dadurch sehr überschaubar. Fingerspiele kommen der Auffassungsgabe von kleinen Kindern entgegen, die schon bald begeistert bei dem kleinen Handtheater mitmachen. In der Regel sind Fingerspiele kleine Gedichte, bei denen die einzelnen Finger nacheinander die Hauptrollen spielen.

Bewegungsgeschichten

... sind freier in der Form und können auch – je nach Situation und Altersgruppe – verschieden interpretiert werden. Sie erreichen die Kinder mindestens auf zwei Ebenen: Sie erleben anders als beim Vorlesen die Handlung direkt mit dem eigenen Körper mit. In der Regel trägt der Erwachsene die Geschichte vor und macht die Bewegungen mit. Die Kinder imitieren die einzelnen Gesten und Spielideen. Die Gruppenleitung kann je nach Situation die Dramaturgie durch Interpretation des Textes bestimmen, z. B. durch Pausen, leises Sprechen, Hervorheben einzelner Worte oder stimmlich spannend gestalteter Passagen. Instrumente können zur Klangillustration zusätzlich verwendet werden.

Bewegungslieder

Schon im Mutterleib erlebt das Kind eine rhythmische Welt: mit dem Herzschlag (ein pulsierendes, triolisches Pochen), dem Atmen (ein langsa-

mes, gerades Metrum) und den Schaukelbewegungen, z. B. beim Gehen (meist ein flotter Rhythmus mit schnelleren „beats per minute"). Trommelklänge, Rasseln, Klatschen und Stampfen knüpfen an diese Urerfahrungen an. Kinder reagieren unmittelbar auf Musik. Wiegenlieder und Kniereiter sprechen vor allem ihr Gefühl an. Der Rhythmus einfacher Kinderverse entspricht dem kindlichen Bedürfnis nach gleichmäßigen, wiederkehrenden Impulsen. Erst in ihrer späteren Entwicklung erlernen Kinder, die Rhythmen der Sprache, wie z. B. Betonungen von Silben und Satzmelodien, zu erfassen und zu gestalten.
Gerne verbinden Kinder im Kindergarten- und Grundschulalter gesprochene rhythmische Verse mit einem kleinen Spiel und gemeinsamen Absprachen. Denken wir an die Partner-Klatschspiele, Abzählverse oder kleine Kreis-Bewegungsspiele (siehe: Wolfgang Hering: Aquaka della oma. 88 Klatsch- und Klanggeschichten, Ökotopia-Verlag).
In traditionellen, aber auch vielen neuen Bewegungsliedern bilden Singen, Spielen und Bewegen eine Einheit. Die Stücke haben oft einen durchgängigen Bewegungsablauf. Wenn das „Timing" und die Dramaturgie stimmen, können sie leicht aus dem Stegreif gesungen werden.
Bei der Instrumentierung der Bewegungslieder in dieser Sammlung haben wir (d. h. unser Produktionsteam im Tonstudio KLANGRAUM), besonders Naturklänge und Originaltöne berücksichtigt. Entscheidend ist die rhythmische Grundlage. Vereinfachte Elemente des Rap-Sprechgesanges sind ebenfalls in die Gestaltung einiger Stücke eingegangen.

Räumlichkeiten
Viele Spielideen sind im Kindergartenraum, im Klassenzimmer in der Grundschule oder in der Wohnung umzusetzen und benötigen etwas Platz. Andere Stücke sind im Sitzen machbar, meist verbunden mit kurzem Aufstehen. Einige Beiträge sind sowohl als Fingerspiel als auch als Rollenspiel gedacht. Im Sommer lässt sich auch viel draußen in Szene setzen. Kinderzimmer sind natürlich weniger geeignet als ein großer Turnraum. Trotzdem: Auch bei eingeschränktem Platz sind viele Bewegungselemente zu realisieren, z. B. Drehen, Balancieren, Strecken, Hüpfen oder Fingerspieltheater. Fragen Sie sich also immer: Welche Potenziale bietet der Raum, und was kann ich als Ausgleich zu den Sitzphasen der Kinder umsetzen.

Die Rolle der Erwachsenen
Machen Sie aktiv mit – das erhöht den Spaß und garantiert das Gelingen. Die Kinder sollten nicht zu dicht beieinander im Kreis sitzen, damit sie Hände und Füße bewegen können und Blickkontakt besteht. Interpretieren Sie ruhig frei, greifen Sie Anregungen der Kinder nach Belieben auf, aber denken Sie daran, einen Schluss zu verabreden. Meist ist es sinnvoll, den Text oder das Lied nach und nach einzuführen und abschnittsweise einzelne Teile zu behandeln. Der Schwerpunkt kann auf Sprache, Rhythmisierung, Bewegung, Musik oder Spielidee gelegt werden. Achten Sie beim Tempo auf die Fähigkeiten ihrer Kinder.
Zu beobachten ist, dass die verschiedenen Bereiche immer mehr miteinander verknüpft werden. So gehen Übungsleiterinnen beim Kinderturnen auf musikalische Strukturen ein, Erzieherinnen setzen neue thematische Schwerpunkte, Eltern tanzen und singen mit ihren Kindern, und ausgebildete Musiklehrer beschäftigen sich mit Bewegung. In diesem Sinne möchte ich Sie ermuntern, den gängigen Fächerkanon aufzulösen und die verschiedenen Bereiche immer wieder neu und fantasievoll zusammenzubringen.

Literaturhinweise

Balster, Klaus: Kinder mit mangelnden Bewegungserfahrungen. (Hrsg. Sportjugend NRW) Duisburg 1999

Bastian, Hans Günther: Kinder optimal fördern – mit Musik. Mainz 2001

Beudels, Wolfgang; Lensing-Conrady, Rudolf; Beins, Hans-Jürgen: ... das ist für mich ein Kinderspiel. Handbuch zur psychomotorischen Praxis. Dortmund 2000[7]

Dillmann, Ingrid: Spielgeschichten für die Bewegungsstunde. Mainz 2001

Fischer, Helmut: Kinderreime im Ruhrgebiet. Köln 1994

Fischer, Renate: Tanzen mit Kindern. Kassel 1999

Gemeindeunfallversicherungsverband Westfalen-Lippe (Hrsg.): Mehr Bewegung in der Schule. Münster 1998

Hunger, Ina; Zimmer, Renate: Kindheit in Bewegung. Schorndorf 2001

Hering, Wolfgang: Bewegungslieder. Reinbek 2002 (Neuausgabe) (rororo 61701)

Hering, Wolfgang: Spiellieder mit Pfiff. Reinbek 1999 (rororo 60610)

Hering, Wolfgang: Kinderleichte Kanons. (Buch incl. CD, MC) Münster (Ökotopia) 2000[2]

Hering, Wolfgang: Aquaka della oma. 88 alte und neue Klatsch- und Klanggeschichten, (Buch incl. CD, MC) Münster (Ökotopia) 2000[3]

Hoffman-Pieper, Kristina, Pieper; Hans Jürgen; Schön, Bernhard: Das große Spectaculum, Münster (Ökotopia) 2001[11]

Innecken, Barbara: Kinesiologie. Kinder finden ihr Gleichgewicht. München 2000

Metzger-Anders, Franz-Xaver: Sportgeschichten. Offenburg 1994[2]

Meyerholz; Ulrike; Reichle-Ernst, Susi: Heiße Füße, Zaubergrüße. Bern 1998

Ried, Bettina: Eltern turnen mit den Kleinsten. Münster (Ökotopia) 1998[3]

Schuster, Elfie; Wewer, Iris: Toben, turnen, tollen: Lustige Bewegungsspiele, Lieder und Gedichte. München 1996

Sommerfeld, Verena; Huber, Barbara; Nicolai, Heidi: Toben, raufen, Kräfte messen. Münster (Ökotopia) 2001[2]

Sportjugend Hessen: Heut bin ich Pirat. Bewegungsangebote im Kindergarten. Frankfurt a. M. 1997

Sportjugend Hessen: Bewegung Kunterbunt. Frankfurt a. M. 1997[11]

Sportjugend im LandesSportBund Nordrhein-Westfalen (Hrsg.): Bewegungserziehung im Kleinkind- und Vorschulalter. Dortmund 1996

Rücker-Vogler, Ursula: Yoga und Autogenes Training mit Kindern. Anleitungen, Übungen, Märchen für Kindergarten und Grundschule, München 2000[6]

Stein, Gisela: Kinder und Eltern turnen, Aachen 1997

Trio Kunterbunt (Hrsg.): Lieder zum Turnen und Toben. Aachen 2000

Zimmer, Renate: Handbuch der Bewegungserziehung. Freiburg 1999[9]

Autor und Illustratorin

Wolfgang Hering ist freiberuflich im musik- und sozialpädagogischen Bereich tätig, Mitglied der bekannten Musikgruppe „Trio KUNTERBUNT“ und Dozent an verschiedenen Fortbildungseinrichtungen und dem Goethe-Institut. Er bietet Fachberatungen / Fortbildungen für Kindergärten, Familienbildungsstätten, Schulen, Kinderturn-Angebote und andere Einrichtungen an. Themenorientierte Projekte sind u. a. für Krankenkassen und den Deutschen Turnerbund entstanden. Auslandsengagements an deutschen Schulen in Mittelamerika und im Nahen Osten.
Seine Bücher erscheinen vor allem bei Ökotopia und rororo „Mit Kindern leben“, seine Tonträger bei Ökotopia und bei der Deutschen Grammophon.

Kasia Sander, geb. 1964 in Gdynia (Polen), Studium an der Kunstakademie Danzig, 1986 Übersiedlung nach Deutschland und Grafik-Design-Studium in Münster. Freiberufliche Buchillustratorin für Schul- und Kinderbuchverlage, Karikaturistin und Comiczeichnerin für Tageszeitungen sowie Designerin in der Modebranche. Teilnahme an mehreren Ausstellungen mit den Schwerpunkten: Grafik, Zeichnung und Karikatur.

WOLFGANG HERING – UNTERWEGS

1. KONZERTE FÜR KINDER AB 4 JAHREN
„Kinderlieder zum Einsteigen und Abfahren" bringt Wolfgang Hering vom Trio KUNTERBUNT in seinem Solokonzert. Im Gepäck hat er lauter Evergreens und beliebte Spiellieder. Das Publikum macht immer wieder begeistert die Spielanregungen mit. Die Kinder nutzen die Gelegenheit, durch Zuruf und auf der Bühne das Konzert mitzugestalten. Ein buntes Mitmachprogramm mit vielen Kinderhits.

2. WORKSHOPS / FORTBILDUNGEN
Unter verschiedenen Themenstellungen bietet Wolfgang Hering für ErzieherInnen, LehrerInnen und Eltern Fortbildungen und Workshops an, z. B.
– Bewegungslieder und Spiele
– Rhythmische Spielideen, Geschichten zum Mitmachen, Bewegungsgedichte und Fingerspiele
– Klatsch- und Klanggeschichten mit und ohne Instrumente

3. KONZERTE FÜR KINDER AB 6 JAHREN
Im Mittelpunkt dieses Programmes stehen poppige Kinderlieder mit witzigen Texten und vielen Möglichkeiten zum Mitmachen für Kinder im Grundschulalter. Meist gibt es zwei Angebote: einmal für 1. / 2. Schuljahr und dann für den 3. und 4. Jahrgang.

4. KONZERT FÜR KLITZEKLEINE RIESEN AB 2 JAHREN
Für Eltern-Kind-Gruppen und Spielkreise gibt es eine bunte Zusammenstellung mit Spielliedern und Bewegungsangeboten für die Kleinsten. Das Programm richtet sich an Erwachsene mit ihren Kindern.

5. Trio KUNTERBUNT & Verstärkung
Seit 1980 schreiben, singen und spielen Wolfgang Hering und Bernd Meyerholz zusammen und produzieren Lieder für Kinderkassetten und CDs, für Bücher und Hörspiele. 1984 kam Schlagzeuger Bernhard Hering dazu: das Trio KUNTERBUNT war geboren.

Mittlerweile spielt die Gruppe in verschiedenen Besetzungen, je nach Aufwand und Größenordnung der Veranstaltung. In der Vorweihnachtszeit gibt es das Programm: „Auf die Plätzchen, fertig, los".

6. SEMINAR- UND WORKSHOPANGEBOTE FÜR DIE ÄLTEREN
Im Rahmen z. B. von Ferienspielaktionen oder Freizeiten können Projektangebote im spiel- und musikpädagogischen Bereich für Ältere abgesprochen werden.

Kontaktadresse für Kinderkonzerte und Fortbildungen:
MPR-Promotion
Hüttenbergstr. 4, 34131 Kassel
Tel.: 0561-26955, Fax: 0561-285265
Internet: www.wolfganghering.de (mit vielen Infos, Terminplan und Gästebuch).

So arbeiten Sie mit CD und Playback-CD

Zu diesem Buch gibt es eine CD und eine Playback-Version *(Angaben zur Bestellung über den Handel oder direkt: Seite 2)*. Die Lieder, die Sie auf der CD finden, sind im Inhaltsverzeichnis mit dem CD-Symbol gekennzeichnet.
Ich habe in den Spielanregungen schon viele detaillierte Hinweise zum Einsatz der Lieder gegeben. Wenn Sie mit der Playback-CD arbeiten, dann hören Sie sich am besten mehrmals die Originalversion mit dem Gesang an, damit Einsätze und Ablauf gelingen. Vielleicht sprechen und singen Sie erst einmal zu der vollständigen Version mit. Dann probieren Sie es selbst zum Playback. Achten Sie besonders auf das Einhalten des Tempos, der Betonungen des Textes und auf die Tonhöhe. Mit einer Kindergruppe können verschiedene Textabschnitte bzw. Strophen mit verteilten Rollen gesprochen bzw. gesungen werden.

Im Folgenden erhalten Sie einen Überblick über die Ablaufpläne der 15 Songs: So können Sie sich die Zeit einteilen, die Sie für die Umsetzung der Melodien in Bewegungen brauchen.

Ablaufpläne Lieder Bewegungshits

1 Hallo, es geht einfach los
Vorspiel
1. Strophe
2. Strophe
Zwischenspiel
3. Strophe
4. Strophe
Zwischenspiel
5. Strophe
6. Strophe
Zwischenspiel
7. Strophe
Schluss

2 Zehn wilde, kleine Finger
Vorspiel
1. Strophe
Zwischenspiel
2. Strophe
Zwischenspiel
3. Strophe
Zwischenspiel
4. Strophe
Zwischenspiel
5. Strophe
Zwischenspiel
6. Strophe
Zwischenspiel
7. Strophe
Zwischenspiel
8. Strophe (mit Verlangsamung – ritardando)

3 Frühlingsfest auf dem Bauernhof
Intro
Vorspiel mit viermal Musikmotiv
1. Strophe
2. Strophe
Refrain
Zwischenspiel mit zweimal Musikmotiv
3. Strophe
4. Strophe
Refrain
5. Strophe
6. Strophe
Refrain
7. Strophe (ein Ton höher!)
Mehrmals Refrain (Text abgewandelt – Ausblendung)

4 Die Blumen im Garten
Vorspiel
Refrain
Kurzes Zwischenspiel
1. Strophe
Refrain
Kurzes Zwischenspiel
2. Strophe
Refrain
Kurzes Zwischenspiel
3. Strophe
Refrain
Kurzes Zwischenspiel
4. Strophe (mit Schluss)

5 Sommer, Sonne, blaues Meer
Vorspiel
Refrain (1mal)
Kurzes Zwischenspiel
1. Strophe
Refrain (2mal)
2. Strophe
3. Strophe
Refrain (2mal)
Kurzes Zwischenspiel
4. Strophe
5. Strophe
Refrain (4mal – Ausblendung)

6 Elefantentanz
Vorspiel
1. Strophe
Refrain
Kurzes Zwischenspiel
2. Strophe
Refrain
Kurzes Zwischenspiel
3. Strophe
Refrain
Kurzes Zwischenspiel
4. Strophe
Refrain
Kurzes Zwischenspiel
Refrain
Kurzes Zwischenspiel
Refrain (mit Schluss)

7 Katzentheater
Vorspiel
1. Strophe
2. Strophe
Refrain
Refrain (instrumental)
3. Strophe
4. Strophe
Refrain
Refrain (instrumental)
5. Strophe
6. Strophe
Refrain (dreimal mit Schluss)

8 Dschungelschatz
Vorspiel
1. Strophe
Zwischenspiel
2. Strophe
Refrain (zweimal)
3. Strophe
Zwischenspiel
4. Strophe
Refrain (zweimal)
5. Strophe
Zwischenspiel
6. Strophe
Refrain (zweimal)
7. Strophe
Mehrmals Refrain (Text abgewandelt – Ausblendung)

9 Indianer-Trommeltanz
Vorspiel
1. Strophe
Refrain (viermal)
2. Strophe
Kurzes Zwischenspiel
3. Strophe
Refrain (viermal)
4. Strophe
Refrain (viermal)
5. Strophe
Nachspiel

10 Fest auf Burg Fleckenstein
Vorspiel
1. Strophe
Kurzes Zwischenspiel
2. Strophe
Refrain (zweimal)
3. Strophe
Kurzes Zwischenspiel
Refrain (zweimal)
4. Strophe
Refrain (zweimal)
5. Strophe
Refrain (zweimal)
Nachspiel

11 Dreh dich wie ein Kreisel
Kurzes Vorspiel
1. Strophe
2. Strophe
3. Strophe
4. Strophe
Zwischenspiel (Strophe instrumental
5. Strophe
6. Strophe (mit Schluss)

12 Wir sind die Klatschmeister
Vorspiel
1. Strophe
Refrain
2. Strophe
Refrain
3.Strophe
Refrain
4. Strophe
Zwischenspiel 1
5. Strophe
Zwischenspiel 2
6. Strophe
Refrain (zweimal)

13 Meine beiden Seiten
Vorspiel
1. Strophe
Refrain
2. Strophe
Refrain
3. Strophe
Refrain
4. Strophe
Refrain (Text abgewandelt zweimal)

14 Die superlange Riesenschlange
Vorspiel
Refrain
1. Strophe
Kurzes Zwischenspiel
2. Strophe
Refrain
3. Strophe
Langes Zwischenspiel
4. Strophe
Refrain
Langes Zwischenspiel
5. Strophe
Refrain
6. Strophe
Kurzes Zwischenspiel
7. Strophe
Refrain (Text abgewandelt zweimal mit Schluss)

15 Hippeldihopp
Vorspiel
Refrain
1. Strophe
Zwischenspiel
2. Strophe
Refrain
Kurzes Zwischenspiel
3. Strophe
Refrain
Kurzes Zwischenspiel
4. Strophe
Langes Zwischenspiel
5. Strophe
Refrain
Kurzes Zwischenspiel
6. Strophe
Mehrmals Refrain (mit Ausblendung)